ACTE PUBLIC

POUR

LE DOCTORAT.

UNIVERSITÉ DE FRANCE.

ACADÉMIE DE POITIERS.

FACULTÉ DE DROIT.

ACTE PUBLIC

POUR LE DOCTORAT,

SOUTENU LE SAMEDI 20 JANVIER 1844, A 2 HEURES ET DEMIE DU SOIR,

Dans la Salle des Actes publics de la Faculté de Droit,

PAR

M. L.-Charles Génebrias Goutepagnon,

AVOCAT A LA COUR ROYALE DE LIMOGES.

M. FOUCART ✵ président.

SUFFRAGANTS,
{ M. FOUCART,
M. FRADIN,
M. GRELLAUD, } Professeurs.
M. PERVINQUIÈRE (A.),
M. PERVINQUIÈRE (M.), Suppléant.

La Faculté n'entend approuver ni désapprouver les opinions émises par le Candidat.

LIMOGES,
Imprimeries Typographique et Lithographique de Ve BLONDIL,
15, rue Consulat, 15.

1844.

« Travaillez avec courage, dussiez-vous être oubliés. L'œuvre de cha-
» que homme est périssable comme est sa vie; mais l'idée qui se trans-
» met de siècle en siècle, et qui fait de tous ceux qui travaillent avec
» amour et constance une communauté perpétuelle, cette idée est im-
» périssable, et c'est en elle que se perpétue le tribut le plus faible du
» plus obscur ouvrier. »

Paroles de M. DE SAVIGNY.

A LA MÉMOIRE VÉNÉRÉE DE MON PÈRE.

> O misero pater adempte mihi
> Omnia tecum una perierunt gaudia nostra
> Quæ tuus in vitâ dulcis alebat amor.
> Alloquar ? audiero nunquam tua verba loquentem ?
> Nunquam ego te vita pater amabilior
> Adspiciam posthac ? at certè semper amabo.
>
> Cat. 68, 20.

A MA MÈRE.

> « La foi m'enseigne que j'ai un
> » bon Ange, mais ma mère me
> » prouve que j'en ai deux. »

Hommage.

Pauca pro multis !

MATIÈRES.

DROIT ROMAIN.

De Actionibus.

DROIT FRANÇAIS.

du Mariage.

DE ACTIONIBUS.

Quilibet privata sua jura vi defendere potest, si alius ipsum aggrediatur; quæ legitima sui defensio communi omnium hominum jure, naturâ quoque comprobata est: sed in periculo tantùm et cum moderatione adhiberi debet.

Generale, remedium tuendi jura sua, si ab aliquo violata fuerint, consistit in actionibus quibus cogitur adversarius in judicium sequi, ut causâ cognitâ condemnetur ad præstandum id quod præstare interest. Is cui actio competit, actor vel petitor appellatur; reus vel aliquandò possessor, dicitur alter.

Actio definitur jus persequendi in judicio quod sibi debetur; sed forma ex quâ jus istud nascitur etiàm sæpissimè actio vocatur. Hanc juris partem exponere conabimur.

Tres fuerunt apud Romanos actionum rationes, nempè: ratio *actionum legis, formularum* et *cognitionum extraordinariarum.*

In principio civitatis romanæ, Reges posteàque consules imperium habebant et justitiam reddebant. Omnia continebantur judiciis regiis... Imperio à Regibus ad annum consulum magistratum translato, inter cætera regia officia juris cognitio iis tributa est: atque illi lites inter litigatores quâcumque de causâ ortas jure decidebant. Sed quùm consules avocarentur bellis finitimis, neque esset in civitate qui jus reddere posset, factum est ut prætor (id est juris disceptator et custos) crearetur, qui urbanus appellatus est, quòd in urbe jus redderet. Post aliquot deindè annos non sufficiente eo prætore, quòd multa turba peregrinorum in civitatem veniret, creatus fuit et alius prætor, peregrinus appellatus, ab eo quòd inter peregrinos jus dicebat.

Extrà Romam, in civitatibus Italiæ, magistratus municipalis loco prætoris erat, et idem judicia exercebat. In provinciis, magistratus romanus is qui præses erat, vocabat civitates, et de controversiis earum cognoscebat ; ità forum agere dicebatur.

Fuit Româ proprium discrimen inter jus et judicium, inter magistratum et judicem. Magistratus apud quem litigantes se sistebant, jus litis tantùm indicabat; facti autem investigationis mandatum ad judices privatos dabat. Hæc juris dictionis et judicii separatio antiquissima fuisse videtur. Judices primatim inter senatores tantùm colligebantur, sed à Caio-Graccho, prætor urbis annuatim recensionem judicum inter cives *honestos* componebat.

> . . . . Sic me
> Formabat puerum dictis, et sive jubebat
> Ut facerem quid; habes auctorem quo facias hoc;
> Unum ex judicibus selectis objiciebat.
> Sive vetabat. An hoc inhonestum.....
>
> HORAT. *Sat.* 4. 1.

Isti judices selecti et in albo relati per decurias quinque conscribebantur : prima senatorum, secunda equitum, tertia militum, quarta et quinta civium censûs minoris. Quidam tamen, judices esse non poterant ; alii naturâ ut surdi, muti et perpetuò furiosi ; alii moribus ut fæminæ et servi ;

alii lego ut qui senatu moti erant impediebantur ne judices fuissent. Præterea qui poterant esse judices nihil interfuerat an in potestate, an sui juris essent.

Excusationes pariter erant quædam. Philosophi, rhetores, grammatici, medici immunes erant, et judicare nolentes non cogebantur. Sed qui excusationem non habebat, etiam invitùs judicare debebat. Si post causam actam cœperit se excusare judex, nec audiendus erat, semel enim agnoscendo judicium excusationi renunciare videbatur. Judex citatus qui non respondebat, mulctatus erat. Judices mandatum non accipiebant, nisi priùs religiosum juramentum præstitissent omnimodò sese cum veritate et legum observatione judiciorum esse disposituros. Judices vulgò jurisconsultos ipsi vocabant quorum consilia audiebant et opiniones.

Usquè adhuc suprema erat sacerdotalis ac patricia dominatio. Attamen contra istam hanc imperiosam auctoritatem recuperatores et centumvirale judicium primæ levationes fuerunt. Recuperatores propter lites inter cives et peregrinos instituti erant, nam de controversiis inter cives privatus judex solus cognoscebat. Sed ob celeritatem et simplicitatem judiciorum etiam inter cives romanos recuperatores posteà fuerunt, ità ut secundùm litis materiam et necessitatem, modò judicem privatum, modò recuperatores magistratus nominabat. Statim autem nominati erant recuperatores, et complures; et itidem ut judex privatus, à litigatoribus recusari poterant. Nam, in omni causa litigatoribus soluta erat judicis optio, ut Cicero ait : « Neminem voluerunt majores nostri, non modò de æstimatione » cujusquàm, sed ne pecuniariâ quidem de re minimâ esse » judicem, nisi inter adversarios convenisset ». Hæc eligendi judicem facultas maxima libertatis auctoritas apud Romanos fuit.

Publicum judicium centumviralium à centumviris sic appellatum fuerat, nam cùm essent Romæ trigenta et quinque tribus, terni à singulis tribubus electi erant ad judicandum, deinde centum et octogenta fuerunt, sed quò faciliùs nominarentur, tamen centumviri nominati remanserunt. Quatuor consiliis conscribebantur, et aliquandò judicium quadruplex appellatum erat centumvirale judicium. Laudatum quoque ex quatuor tribunalibus se esse recordabatur *Plinius*. Quædam causæ duobus consiliis vicissim persequebantur, quædam quaternis collectis et tamen separatim judicantibus. Sic scripsit *Plinius* et docet : « Sequutus est varius eventus ; » duobus consiliis vicimus, totidem victi sumus »... Et miratur : « Notabilis res : eâdem in causâ, iisdem judicibus, » iisdem advocatis, eodem tempore, tanta diversitas acci- » dit. » Ità pronunciatum fuisse narrat in causâ Acciæ Variolæ quæ exheredata à patre egerat de inofficioso testamento ac duobus consiliis vicerat, duobus succubuerat.

Cognoscebant centumviri de justi dominii controversiis ; do hæreditatibus quæcumque ex causâ peterentur, sive inofficiosi, sive justi, aut injusti, aut falsi testamenti, sive ab intestato. Antè eos judicantes hasta præponebatur, hasta dominii effigies, nam omnium maximè sua esse credebant quæ ex hostibus cœpissent Romani, undè centumvirale judicium etiam dicebatur hastæ judicium.

Prætor præses erat centumviralii judicii. Quæsturâ functi centumviralem hastam consueverant cogere, sed auctor fuit Octavius ut decemviri cogerent. Quum esset necessarius magistratus qui hastâ præesset decemviri in litibus judicandis constituti fuerunt.

Judices privati factum tantummodò, centumviri autem

et jus et factum cognoscebant ; permanebat eorum judicium, et ità, à recuperatoribus differebant ; nam recuperatores pro unà tantùm controversià nominabantur. Servio Tullio communè attributa est centumviralii judicii creatio ; cognitionibus extraordinariis et mutationibus à Constantino imperatore in judiciis adhibitis supervixisse non videtur.

Actiones antiquissimæ quæ apud Romanos in usu fuerunt *legis actiones* appellabantur, quia legibus proditæ erant, vel quia verbis legum accommodatæ, immutabiles erant, ità ut is qui de vitibus succisis egisset, et *vites* in actione nominaret, litem perdidisset, quia vocabulum generale legis *arbores* erat. Consistebant in formulis accuratis et arcanis quæ apud pontifices et patricios à litigatoribus petendæ erant et quarum solemnis verborum conceptio, dieique indicatio fideliter observandæ. Quinque numerantur *legis actiones*, sed non secundùm antiquitatem diei adscriptæ. Scilicet : *Sacramentum, postulatio judicis, condictio, manus injectio, pignoris capio*. Quibusdam non placebat jurisconsultis *pignoris capionem* actionem legis esse, quòd extrà jus peragebatur, plerumque absente adversario et die nefasto ; cùm alioquin alteris actionibus non aliter uti possit quàm apud prætorem, præsente adversario, et die quo licebat lege agere. Attamen plerisque placuit hanc et etiam actionem legis esse.

Sub imperio legis actionum *actionis* vocabulum designat formas solemnes ac immutabiles, variatæ addictioni habiles et non pro singulo jure distinctè expressas.

Legis actio per *sacramentum* actio primigenia et præcipuè patricia ac symbolica erat sponsio à litigatoribus antè judicem vicissim et solemniter promissa, quà periclitabatur reus si temerè contestabat, et pariter actor si non debitum petebat. Finaliter, qui victus erat sponsionem solvebat, non adversario, sed prætori ; et propter ærarii inopiam sacrorumque multitudinem in rebus divinis consumebatur, undè *sacramentum* dicebatur. In quibusdam causis quinquaginta assium erat sponsio, in alteris quingentorum.

Sacramento omnes lites in judicium introducebantur cùm alia assignata non erat *legis actio*, singulariter semper quæ apud centumviros agebantur.

Si in rem agebatur et si res in jus adduci, vel adferri poterat, in jure ad hunc modum vindicabantur litigatores. Qui vindicabat festucam tenebat, deindè ipsam rem adprehendebat et ità si de homine ? Dicebat : Hunc ego hominem ex jure Quiritium meum esse aio : Secundum suam causam, sicut dixi, ecce tibi vindictam imposui. Et simul homini festucam imponebat. Adversarius similiter dicebat et faciebat. Cùm uterque vindicasset atque simul manus in re corripuisset (quod erat vim civilem et festucariam adhibere quæ verbo diceretur, non quæ manu fieret cum vi bellica, et in jus manum conserere vocabatur), dicebat prætor : Mittite ambo hominem. Illi mittebant et sponsione sacramenti se provocabant. Posteà prætor *vindicias* secundùm alterum eorum dicebat, id est, interim libenter nisi in liberali causâ, aliquem inter litigatores possessorem constituebat. Quandò prætor jàm possidentem in possessione non firmabat, sed adversario possessionem transferebat, hoc erat *vindicias* ab eo abdicere. Sed in utroque casu, prætor jubebat eum possessorem adversario dare litis et vindiciarum, id est, rei et fructuum, prædes. Alios autem prædes accipiebat et prætor ipse pro summâ sacramenti ; in principio enim summam istam statim præstare debebant litigatores, quam in publicum ærarium cedebat ; sed jàm *prædes* tantùm pro sacramenti sponsione dabantur. Is inter litigatores cujus sacramentum dicebatur justum judicio vincebat, alter autem summam sponsionis suæ perdebat atque rem contestatam. Festuca quâ utebatur, quasi hastæ loco, antiquò vocata erat *vindicta*, undè quandò ità agebatur, vindicare dicebatur.

Si res autem immobilis et non movens erat quæ in jus adduci vel adferri nec poterat? Pars aliqua indè sumebatur et in jus adferrebatur; deindè in eam partem quasi in totam rem præsentem fiebat vindicatio. Si de fundo, vel ædibus? Alter alterum de fundo vel ædibus dejiciebat, et apud prætorem loco stantem, abstrahebat. Sic ex duodecim tabularum lege agebatur, et id *deductio* vocabatur. Sed postquàm prætores, propagatis Italiæ finibus, datis jurisdictionibus, negotiis occupati, proficisci, vindiciarium causâ, in longinquas res gravabantur, institutum fuit contrà duodecim tabulas, tacito consensu, ut litigatores non *in jure* apud prætorem, sed *ex jure* manum consererent. Alter alterum *ex jure* ad conserendam manum in rem vocabat, atque profecti simul in agrum de quo litigabatur, superstitibus præsentibus, terræ aliquid ex eo fundo, uti unam glebam; et si de ædibus? Tegulam, in urbem, in jus apud prætorem differebant, atque in eâ glebâ vel eâ tegulâ, tanquàm in toto agro vel totis ædibus, vindicabant. Si longinquus erat fundus de quo agebatur? Itum et reditum anteà peragebant litigantes, atque posteà apud prætorem solummodò simulabant. Litigantes et prætorem irridet Cicero : « Cum hoc bellissimò fieri possit, inquit, fundus sabinus
» meus est : immò meus : deindè judicium noluerunt.
» Fundus qui est in agro qui sabinus vocatur. Satis
» verbosè. Cedo quid posteà? Eum ego ex jure meum esse
» aio. Quid tùm? Indè ego te ex jure manum consertum
» voco... Quid huic tàm loquaciter litigioso responderet
» ille undè petebatur non habebat. Transit ad eum juris-

» consultus tibicinis latini modò : UNDE TU ME, inquit, EX
» JURE MANUM CONSERTUM VOCASTI, INDE IBI EGO TE REVOCO...
» Prætor intereà ne pulchrum se ac beatum putaret, atque
» aliquid ipse suâ sponte loqueretur, ei quoque carmen
» compositum est cum cæteris rebus absurdum, tùm vero
» nullo usui, UTRISQUE SUPERSTITIBUS PRÆSENTIBUS : ISTAM
» VIAM DICO : ITE VIAM ; præsto aderat sapiens ille, qui ire
» viam doceret : REDITE VIAM : eodem duce redibant. Hæc
» jàm tùm apud illos barbatos, ridicula, credo, videbatur,
» homines cum rectè atque in loco constitissent, juberi
» abire, ut undè abissent, eodem statim redirent». (Pro·
» Mur. or. 23.)

Quandò in personam agebatur? Quomodò persequebatur actio *sacramenti*, benè cognitum non est; verisimilè tamen actor et reus sese vicissim de obligatione interpellabant et posteà sponsionem sacramenti inter se movebant. Deindè judex dabatur. Sed credendum est ut verba secundùm præstationis causam accommodatæ essent et ut legis actione per *condictionem* introductà, in actionibus in rem tantùm, *sacramento* uteretur.

Judicis postulatio erat legis actio quâ judex privatus constituebatur. Si deindè per alias legis actiones magistratus judicem dedit, ut *condictione* et *sacramento*, post legem pinariam, tamen *postulatio judicis* remansit, quia per eam solummodò judex antiquissimè consequebatur. Antè actionem legis per *condictionem* quæ antiquissimum et ferè olim universum *sacramentum* coangustaverat, *judicis postulatio* jàm quasdam contentiones è *sacramenti* imperio everterat. In quibusdam enim *sacramento* difficillimè utebatur ; sic, cùm certa æstimatio in lite erat facienda, vel cùm inter litigantes obligationes erant mutuæ et comparandæ, vel si de finibus fundi, aut de partitione inter plures agebatur.

Nàm actio *sacramenti* nec œstimationem nec partitionem patiebatur, sed probationem tantùm. Sacramentum aut erat justum aut erat injustum, et secundùm id, obtinebatur lis vel perdebatur.

Actio per *judicis postulationem* introductà igitur fuit ad temperandam *sacramenti* severitatem et periclitationem. Sed istud beneficium gradatim largitum fuit, sic in tutelis, societatibus, fiduciis, mandatis, rebus emptis-venditis, conductis-locatis. Sic etiam, quando res vindicata dolo possidentis perierat, tunc deficiente re certà, magni erat judicis statuere. Istà actione, judex dicendi strictissimò obligatum non erat; largior erat ejus auctoritas, et *salvà fide*, judicare poterat; indè posteà ut Cicero demonstrat *actiones bonæ fidei* : « Nam, inquit, præclarum à » majoribus nostris accipimus morem rogandi judicis si ea » teneremus quæ salvà fide facere possit ».

Condictio fuit actio legis à lege Silià quando de certà pecunià, et à lege Calpurnià quando de omni alià re certà agebatur constituta. Istà actione, actor *in jure* adversario denuntiabat, ut ad judicem capiendum die citato (trigesimo post legem Pinariam) adesset. Quarè autem desiderata hæc actio quærebatur? Creata fuerat ob periclitationem sacramenti vitandam, quando de certà re agebatur, quemadmodum *judicis postulatio* quando de re non certà, non enim in condictione sacramentum constituebant litigantes apud prætorem. Credendum est quod reus indemnitatem *contumaciam* solvebat, si die citato coràm prætore se non sistebat. Hæc indemnitas *contumacia* erat ut damnum actionis sacramenti. Præterea deficiens reus pro confesso habebatur et manus injici poterat.

Post condictionem, in vindicationes, tantùm sacramento

utebatur. Vindicationes sic appellatæ propter vindicias quæ in istâ legis actione dabantur.

Manus injectio dicitur generaliter quoties nullâ juris auctoritate expectatâ res sibi debita comprehenditur : Sed actio legis per *manus injectionem*, ratio exsecutionis antiqui juris civilis, non solùm pro ære confesso, sed pro rebus jure judicatis, erat actoris in personam adversarii, apud magistratum, in jure, cum verbis solemnis comprehensio quâ statim addictus erat, et in servitute donec solvisset. Aliud tamen erat servum esse, aliud servire. Ità, servus, cùm manumittebatur, libertinus erat ; *addictus* autem, recuperatâ libertate, ingenuus. Servus, invito domino, libertatem non consequebatur, addictus, solvendo, citrà voluntatem creditoris consequebatur.

Ex duodecim tabulis trigenta dies, justi nomine, dati erant debitori, causa conquirendæ pecuniæ quam dissolveret. ÆRIS CONFESSI REBUSQUE JURE JUDICATIS XXX. DIES JUSTI SUNTO. POST DEINDE MANUS INJECTIO ESTO : IN JUS DUCITO. NI JUDICATUM FACIT AUT QUISPIAM ENDO EO IN JURE VENDICIT, SECUM DUCITO : VINCITO AUT NERVO AUT COMPEDIBUS XV. PONDO, NE MAJORE, AUT SI VOLET, MINORE VINCITO. SI VOLET, SUO VIVITO. NISI SUO VIVIT QUI EUM VINCTUM HABEBIT, LIBRAS FARREIS ENDO DIE DATO, SI VOLET PLUS DATO. TERTIIS NUNDINIS PARTIS SECANTO, SI PLUS MINUSVE SECUERINT, SINE FRAUDE ESTO. Hæc sunt verba duodecim tabularum. Intra illos dies justos erat quædam juris interstitio et cessatio. Post, nisi dissolveret, ad prætorem vocabatur et tunc agebatur legis actione creditor. Sic : QUOD TU MIHI JUDICATUS *sive* DAMNATUS ES QUÆ DOLO MALO NON SOLVISTI OB EAM REM EGO TIBI JUDICATI, *vel* DAMNATI MANUS INJICIO. Posteà debitor addicebatur à cred' e et ità addictus manum sibi depellere non poterat ; a. ucebatur et vinciebatur si vendex non erat qui cum vindicasset et liberasset. Erat autem jus intereà paciscendi, ac nisi pacti forent, habebantur in vinculis dies sexaginta. Inter eos dies trinis nundinis continuis ad prætorem in comitiis producebatur, quantæque pecuniæ judicatus esset prædicabatur. Tertiis autem nundinis deficiente pactione et vindice, capite pœnas dabat, aut trans Tiberim peregre venum ibat. Ità primus actionis legis per *manus injectionem* effectus erat addictio, captivitas; palatiæ quæque patrum opibus præpotentium, carcera erant, ubi addicti catenis constricti *pondo quinidino;* panem servorum accipientes si suo vivere non possent,

. . . . Cui satis una
Farris libra foret. . . . .
HORAT. 1 sat. 5.

Sub immanitate creditorum gemitus dolebant. Verò, verbis istis : SI VOLET PONDO MINORE VINCITO ; SI VOLET PLUS DATO, frena dabantur impotentiæ creditorum, ut ne majore possint vincire ; minore si velint, ut possint. Quod non frustrà adjicitur. « Nam anteà perperam legebatur, ne mi- » nore, aut si velint majore, ut si eà in re lex omnem » humanitatem tolleret ». (Cuj. obs. 3. 39.) Ultimus effectus autem erat servitudo, nex quandiù quidem, et mortalium debitoris divisio, si creditores erant plurimi.

Sic agebatur in omnibus rebus jure judicatis et in confessis ; posteà *manus injectio* legibus Publilià et Furià, extensa fuit quibusdam casibus ubi *pro judicato* habebatur, sic : OB EAM REM EGO TIBI PRO JUDICATO MANUM INJICIO. Et etiam deindè legibus Furià testamentarià et Marcià, casibus ubi non pro judicato habebatur. Sed tunc *pura* dicebatur *manus injectio,* id est, *non pro judicato,* et ab aliis differebat, nam deficiente vindice, nihilominus se ipsum defendere, actione legis, potestatem habebat debitor. Denique, in omnibus *pura* fuit, excepto judicato et eo pro quo depensum erat. Ista, quandiù legis actiones in usu fuerunt, semper ita observabantur. In actione per manus injectionem unquam judex dabatur, statuebat magistratus ipse.

Pignoris capio introducta fuit moribus rei militaris, propter stipendium licebat militi ab eo qui æs tribuebat, nisi daret, pignus capere. Item, propter eam pecuniam ex qua equus emendus erat ; item propter eam pecuniam ex qua hordeum equis erat comparandum. Nam qui in exercitu nullomodò stabant ut viduæ et orphani divites, tamen ad equos emendos et alendos, millia æris pendere debebant. Introducta fuerat lege duodecim tabularum adversùs eum qui hostiam emisset, nec pretium redderet ; item adversùs eum qui mercedem non redderet pro eo jumento quod quis ideo locasset, ut inde pecuniam acceptam in sacrificium impenderet. Item, lege Censoria pignoré capio data fuit publicanis vectigalium publicorum populi romani, adversùs eos qui aliquâ lege vectigalia deberent. Debitor, solvendo, debitum repignerabat.

Pignus capio extrà jus plerumque absente adversario sed certis verbis in bonis consequebatur, omninò exceptionalis sub legis actionum imperio executionis ratio erat.

Conclusiones summæ rationis actionum legis igitur sunt : actiones legis, exceptatâ ultimâ, in jure agitabantur. Actor reum in jus vocabat sic : *In jus ambula, sequere ; in jus i ; in jus eamus.* Si non sequebatur, testem vocans et in imâ auro, memoriæ locus, cum tangens antestabatur, ut in Horatii satyrâ, ubi narrat: *quantum sibi negotii fuerit cum importuno homine,* legimus :

> . . . . Casu venit obvius illi
> Adversarius ; et, quò tu, turpissime ? magnâ
> exclamat voce ; et licet antestari. Ego verò
> Oppono auriculam : rapit in jus : clamor utrinquè ;
> Undiquè concursus. Sic me servavit Apollo.
> HORAT. 1. sat. 9.

Atque obtorto collo, actor in jus reum rapiebat, nisi vendex pro eo reo litem acciperet et ità liberaret. Antè magistratum, post expositionem litis, stantes, certa verba legis actionis prononciabant, itaque aut magistratus ipse statuebat, ut cùm per manûs injectionem ageretur, aut judicem dabat. Judico dato, litigatores inter se comperendinum diem denunciabant ut ad judicem venirent. *Comperendinum,* vel *perendinum,* vel *tertium ?* Nam adhuc irridet Cicero : « Quòd tot homines tàm ingeniosos, per tot annos etiam » nunc statuere non posse, utrum diem tertium an peren- » dinum dici oporteret ». (Orat. pro Muren.) Deniquè promittebant litigantes Vadimonio se die certo ante magistratum, nisi eo die finiverit negotium, aut antè judicem datum, sisti.

Omnia quæque apud magistratum *verbo* sinè scripturâ agebantur. Litigatores solemniter in jure testes sumebant ad litem constatandam , sic : *Testes estote,* et cùm uterque reus ea verba dixisset, lis contestata dicebatur.

Posteà apud judicem veniebant, et antequàm causa ageretur, quasi per indicem rem exponebant ; quod dicebatur *causæ conjectio,* id est, causæ suæ in brevo coactio. Deindè instructio agebatur ; et immò, dicebatur sententia.

Executio sententiæ ad magistratum imperium habentem

redibat. Si de re agebatur ? In re ipsâ, et manu militari quidem, persequebatur. Si de obligato ? Exceptis casibus rarissimis in quibus pignoris captione agebatur, in personam tantùm per *manûs injectionem* fiebat executio.

Deniquè, in quibusdam solùm diebus, actionibus legis, exceptâ pignoris captione, utebatur ; nam erant nefasti dies per quos verba *do, dico, addico,* silebantur.

 Ille nefarius erit per quem tria verba silentur
 Fastus erit per quem lege licebit agi.
         Ov. *fast.* 1.

Prætereà, luce palàm, in foro, ore et oculis omnium, exercebantur actiones legis ; earumque *ultima tempestas* solis occasus erat.

Omnes hæ legis actiones in odio venerunt, quia propter earum nimiam subtilitatem, is qui minimè erraverat, litem perdebat, et principaliter, quia diruti tandem servitii plebis, adhùc signum erant. Quippè per legem Æbutiam et duas leges Julias sublatæ fuerunt. Tantùm ex duabus causis permissum fuit interdùm legis actionem facere, silicet, lege agere, damni infecti, et si centumvirale judicium fuerit provocatum.

Deinceps non solùm patricii, sed plebs judicio participem fuit. Jus usque adhuc absconditum atque periculosum, tandem in præclaram et insignem pervenit scientiam. Prætor peregrinus institutus fuerat, qui inter cives et peregrinos jus diceret ; at sub ratione actionum legis jus istud reddere nec poterat, nam inter cives tantùm ità agebatur, quia de jure civili nullomodò peregrini participabant. Itaque, jus et ratio juris, in hoc, ab eo prætore conficiendæ fuerant. Sed jàm sub imperio actionum legis, quandò cum peregrino litigabat civis, magistratus, unicum judicem senatorium non dabat, sed recuperatores, trinos, aut quinos, inter adstantes electos, sic : Recuperatores sunto ; et instructionem eis prescribebat, quâ facti investigationem, et post istam factam, damnandi, absolvendive, potestatem dabat. Ità : Si paret Aulum Agerium apud Numerium Negidium mensam argenteam deposuisse eamque dolo malo N. N. A. A. redditam non esse? Condemnato. Si non paret, absolvito. Indè, formulæ. Atque pro variis necessitatibus humanitatis surgentibus, paulatim extensæ, inter cives, more, et jure civili accommodatæ fuerunt, undè ratio formularum.

Sub imperio formularum actionis vocabulum designat *jus* à magistratu datum, persequendi in judicio quod sibi debetur ; designat, *formulam* ex quâ jus istud nascitur ; desigat deniquè *judicium* formulâ constitutum. *Actio, formula, judicium*, tunc idem significant.

Ratio ista agendi nec fuit igitur planè nova institutio. Ad legis actionum naturam accedebant; formulæ quædam, vel earum singulæ partes, verba antiquissima legis actionum revocabant. Varietas formularum fuit magna ; constitutæ de omnibus et expressæ, privatæ lites posteà eis componebantur. Quædam erant, quæ ad legis actiones exprimebantur; in his fictione utebatur quâ judex reum condemnare poterat ad præstandam summam eam quam solvisset si actione legis persecutum fuisset. Ità, actionum legis formâ relictâ, jus etiam conservabatur ; quandòque, expressa consequentia intentionis formulæ, non erat condemnatio, ad legis actionem exprimebatur. Nullæ autem formulæ ad *condictionis* fictionem exprimebantur, undè credendum est ut in omnibus alteris actionibus legis fictione istâ uteretur.

Quædam autem formulæ suâ vi ac potestate constabant. Nempè, formulæ in quibus *condemnatio* erat consequentia stricta *intentionis.* Ità, in controversiis quas per condictionem olim persequi licebat.

Prætores in edicto formulas proponere solebant, ut facilè quisque cognosceret, quemadmodum judicium peteret. Litigatores facultatem habebant eligendi formulam, sed hoc, periculo cujusquam ; nam, electione malâ, causâ cadere poterant ; itaque ob illam periclitationem jurisconsultorum consilia implorabant. Lite prætori expositâ, si de facto conveniebant litigantes, non formula dabatur, nec judicium erat ; si non conveniebant, re de quâ judicandum formula erat accurata.

Formulæ quibus de jure civili quærebatur, in verbis generalibus constitutæ erant ; earum intentio juris civilis erat ; *in jus* conceptæ vocabantur et actionem civilem producebant. Quando autem de jure prætorio quærebatur, *in factum* formulæ erant conceptæ ; id est, initio formulæ, nominato eo quod factum erat, adjiciebantur ea verba quibus judici, absolvendi damnandive, potestas dabatur. Formula *in factum* concepta actionem *in factum* producebat. Formula *in factum* concepta, primatìm propter peregrinos edita ac deinceps civibus extensa, quæstionem juris nunquam continens, fuit ratio solers, quâ prætores juris civilis lacunas et difficultates explebant ergà cives, quemadmodum ergà peregrinos olim. Sic, ex quibusdam juris civilis quæstionibus prætor formulam *in jus* conceptam et alteram *in factum* conceptam simul proponebat, ità ut, filiisfamiliâs qui suo nomine nullam actionem civilem habebant tamen agere possint. Prætereà, si de causâ in edicto non prævisa agebatur? Prætor occurrebat, formula *in factum* concepta ; et sic *ex analogiâ* jus scriptum complebat. Utiles nominabantur formulæ istæ, et pro formulâ, actio quoque, utilis vocata fuit. Ex eo, utilium atque directarum actionum distinctio. Inveniuntur actiones utiles ab actione juris civilis, ab actione jure prætorio, et etiam ab actione utili ipsâ, extensæ.

Fuerunt etiam fictitiæ actiones quibus, fictione, actio in jus dabatur, etsi jure prætorio ageretur. Itâ, actio civilis etiam utilis fiebat ; tunc etiam actio prætoria civilis erat. Distinguendæ sunt ex actionibus quæ ad *fictionem legis actionum* institutæ fuerant.

Formularum quatuor erant partes : *demonstratio, intentio, adjudicatio* et *condemnatio*.

Demonstratio erat ea pars quæ præcipuè inserebatur ut demonstraretur res de quâ agebatur, itâ : QUOD AULUS AGERIUS NUMERIO NEGIDIO HOMINEM VENDIDIT. *Intentio* erat ea pars quâ actor desiderium suum concludebat. SI PARET N. N. A. A. SESTERTIUM X... MILLIA DARE OPORTERE. Ea pars necessaria erat ut formula constituta fuisset. Sed *demonstratio* abesse poterat ; nam cùm actor, generalè, rem intendebat ex jure quiritium esse suam, omnes causæ istâ petitione, adprehendebantur, itâ ut, nihil singulare ab eo indicandum esset ; quo penitùs eodum modo olim, inter peregrinos *demonstratio* cum *intentione* in formulâ confundebatur. *Adjudicatio* erat ea pars quâ permittebatur judici rem alicui ex litigatoribus adjudicare ; velut si inter cohæredes familiæ erciscundæ agebatur. Illic itâ erat : QUANTUM ADJUDCARI OPORTET, JUDEX ADJUDICATO. *Condemnatio* erat ea pars quâ, judici, condemnandi absolvendive, potestas permittebatur, itâ : JUDEX N. N. A. A. SESTERTIUM X... MILLIA CONDEMNA, SI NON PARET, ABSOLVE. Nonnunquam in formulâ *condemnatio* deficiebat ; sola nullum produxisset effectum. Omnis *condemnatio* in quâcumque lite pecuniariâ esse debebat. Non itâ erat sub imperio actionum legis ; non itâ fuit etiam sub ratione ultimâ cognitionum extraordinariarum. Hæc formularum specialis consequentia, præclara et utilis quia conclusionem litis accelerabat, gravis attamen erat, principaliter in actionibus *in rem*, quia rem suam quam vindicabat, sperare non poterat actor. Ob temperamentum istæ gravitudinis *condemnatione* formularum quando *in rem* agebatur postea adjiciebantur verba hæc : NISI RESTITUAT CONDEMNA. Quibus verbis judex antequam damnaret, arbitrabatur an reus restituere debeat, et tunc jussum restitutionis dabat, an non ? Si restitutione, satisfaciebat reus ? absolvebatur ; si non satisfaciebat, severè damnabatur. Partes formularum ferè omnes ab actionibus legis deductæ erant. Omnes in eâdem formulâ sæpè non inveniebantur. In formulis *in factum conceptæ? Intentio* et *condemnatio* solæ inveniebantur. In formulis *in jus* conceptæ ? Ità erat si ad rem intendebant, ut suprà diximus; ità adhuc, si personales erant et ad *certum aliquid* vel ad *certam pecuniam* intendebant. Tamen ordinariò *demonstratio*, *intentio* et *condemnatio* simul inveniebantur. *Intentio* verò necessaria erat. *Demonstratio* cum *condemnatione* formulam non constituebant. In quibusdam causis *intentio* sola formulam sine *condemnatione* constituebat. Adjudicatio verò cum inter socios communi dividundo, vel inter vicinos finium regundorum, vel inter cohæredes familiæ erciscundæ agebatur, in formulâ tantum edicta erat.

Sæpè in quibusdam causis certæ petitiones subsidiariæ, vel sepositiones in formulis inserebantur. Ità, cùm ex unâ obligatione aliquid jam præstari oportebat, aliquid verò in futurâ erat præstatione. Istæ adjectiones, *præscriptiones* vocabantur. In capite formularum inscribebantur, ità : AGATUR CUJUS REI DIES FUIT. Istæ præscriptiones pro actore introductæ erant, sed et aliæ pro reo opponebantur, quandò ex eodem facto nascebantur quæstiones duæ vel plures, connexæ, quarum unius judicatio impressionem aliquam ergà alteras quæstiones judicandas demonstraret. Si igitur similis causa à petitore introducebatur, justum erat, ut reus eam repellere posset; hoc faciebat, istà *præscriptione* : EA RES AGATUR SI IN EA RE PRÆJUDICIUM NON FIAT. Erant etiam *præscriptiones* quando magistratus potestatem contestabat reus, *præscriptiones fori* dicebantur. Erant etiam præscriptiones temporis, *annales præscriptiones* : EA RES AGATUR SI NON ULTRA QUINQUENNIUM POST MANUMISSIONEM NON AGITUR, quia ingenuitatis petitio post quinque annos à manumissione, nec audienda erat.

Istæ præscriptiones sæpè *præjudicia* vocabantur, cum actionibus præjudicialibus quæ præjudicia etidem dicebantur non sunt confundendæ. Cùm ex præscriptione rei lis pendebat, ipsâ re quæri non necesso erat. *Præscriptiones* pro actore cum ratione formularum ceciderant. *Præscriptiones* pro reo autem tempore formularum jàm in speciem exceptionis deductæ erant; ità ut non in capite formularum sed post *intentionem* inscriptæ essent. Undè *præscriptionis, præjudicii, exceptionis* nomina deinceps eumdem præbent sensum.

Ea autem fuit vis ac potestas formularum in actionibus instituendis et judiciis peragendis ut ab iis exitus litis penderet, undè secundùm hanc procedendi rationem magna fuit prætoris auctoritas, magnaque judiciorum subtilitas. Formulâ neglectâ aut causa cadebat actor, aut litem suam judex faciebat.

Sub ratione formularum, unus erat modus prosequendi judicium. Actiones conceptione formularum differebant, ità ut actio pro formulâ diceretur, et vice versâ. Dispertiuntur tamen, et sunt aut *in factum* aut *in jus*, sicut jàm vidimus, et principalè aut *in rem* aut *in personam*. *In rem?* si rem vel jus aliquid esse suum actor intendit. *In personam?* si dare, facere, præstare oportet. Hæc differentia non de formularum diversitate sed de jure ipso oritur. In omni jure enim, persona cui jus competit, res, juris finis, et interdum, altera persona adversùs quam individuè jus prosequitur, constant. Quando in jure una tantum persona cui jus competit invenitur? jus dicitur *in rem*. Si verò duæ personæ, una cui jus competit, altera adversùs quam individuè prosequitur constant? jus dicitur personale. Sub formulis quando de jure *in rem* quæstio agebatur, formula rem ipsam, et eum qui suam intendebat, solùm designabat : SI PARET HOMINEM EX JURE QUIRITIUM AULI AGERII ESSE. Quando autem de jure *in personam* agebatur, jus istud alteram personam necessario continens adversùs quam persequeretur, sub formulâ designari non poterat, nisi altera persona hæc, etiam in *intentione* nominaretur. SI PARET NUMERIUM NEGIDIUM AULO AGERIO DARE, FACERE, OPORTERE. Unde ex primo eventu intentio vocata fuit *in rem*; ex ultimo, *in personam*. Unde formula tota pro intentione, et deniquè actio ipsa pro formulâ, seu *in rem*, seu *in personam* fuerunt ; et ità hæc divisio ipso jure provenit, denominatio autem, conceptione verborum. Ob actionem optimam designationem, antè omnia, natura ipsa juris consideranda est.

Actio *in personam* ex obligatione nascitur, ideòque in eum instituitur, qui, nobis aliquâ causâ obligatus est ad aliquid præstandum. *In rem* verò actio est, cum aut corporalem rem nostram esse, aut jus aliquid nobis competere intendimus. Quædam actiones mixtam causam habere dicebantur, quia tàm *in rem* quàm *in personam* esse videbantur, et propter quod mixtæ appellatæ. Sed *in rem* et *in personam* simul verè unquam non erat actio.

Actiones aut civiles aut honorariæ erant. Civiles ? si legibus aut certo jure civili constitutæ. Honorariæ ? si à magistratu qui honores gerebat. Inter eas, ut inter civiles, aliæ sunt *in rem*, aliæ *in personam*.

Vidimus quemadmodum sub imperio legis actionum agebatur; nunc videbimus quemadmodum tempore formularum. In actionibus *in personam*, suppletæ fuerant antiquæ legis actiones, formulis, SI PARET DARE, FACERE, OPORTERE. Formulæ istæ, etidem *condictiones* appellatæ. Actiones *in personam* erant vel *stricti juris*, vel *bonæ fidei*. Sub antiquis legis actionibus, per *sacramentum* et *condictionem* actor dicebat reum certam pecuniam vel certam rem debere, et judex nihil aliud decidere poterat, etsi an obligatus veré esset, an non? Per *judicis postulationem*, quædam æstimationis potestas dabatur judici, et ille interdum arbiter dicebatur. In formulis etidem invenitur ista inter judicis potestatem oppositio. Quando formula in jus concepta erat, judex strictis formulæ finibus circumscriptus, nec ei licebat attendere ad hoc quod in formulâ non erat. Tunc stricti juris dicebatur actio. Quando autem in formulâ inscribebantur verba hæc, EX FIDE BONA, vel, QUO ÆQUIUS MELIUS, æquitatem et mutuas litigatorum obligationes tunc considerare debebat judex et de *æquo* et *bono* judicabat ; tunc quoque bonæ fidei dicebatur actio.

Hæc divisio actionum *in personam* eadem est quam Cicero jam demonstraverat inter judicia et arbitria, « Aliud est
» judicium, aliud arbitrium. Judicium est pecuniæ certæ;
» arbitrium incertæ. Ad judicium hoc modo venimus ut
» totam litem aut obtineamus aut amittamus. Ad arbitrium
» hoc animo adimus ut neque nihil neque tantum quantum
» postulavimus consequimur. Ejus rei ipsa verba formulæ
» testimonio sunt... Judicium est directum, asperum, sim-
» plex... Arbitrium, mite, moderatum ». (Cic. pro Rosc.)
Actiones quæ sub imperio legis actionum per *condictionem*

et per *manus injectionem* agebantur, et *condictiones certi* nominabantur, etidem sub imperio formularum *condictiones certi* nominatæ remanserunt. Agebantur formulâ certâ cujus intentio erat aliquid certum dare oportere, et *stricti juris* erant. Prout vidimus in principio actionis legis per *condictionem*, similiter et sub formulis agebatur tantum quando de certâ pecuniâ lis erat, sed paulatim *condictione* etiam agebatur, si quidquid *incertum dare*, et postea, *facere* oporteret. Cùm obligatio erat una et simplex, quod olim per *judicis postulationem* agebatur, atque *condictio* incerti nominabatur, idem sub formulis *condictio* incerti vocatum, formulâ incertâ agebatur cujus intentio erat *quidquid dare, facere oporteret*. Et etiam stricti juris tunc erat actio. Deniquè, omnes mutuæ obligationes ubi alterum alteri præstare debebat et quæ per *judicis postulationem* olim agebantur, sub formulis, actiones bonæ fidei erunt; agebantur formulâ incertâ cujus *intentio* erat QUIDQUID DARE, FACERE, PRÆSTARE OPORTET EX FIDE BONA.

Difficilis est actionum bonæ fidei enumeratio, usu et juris processu successim multiplicatæ, dissimiliter enumeratæ fuerunt; secundùm Ciceronem, « Fidei bonæ nomen » versatur, in tutelis, societatibus, fiduciis, mandatis, rebus » emptis-venditis, locatis-conductis, et quibus vitæ societas » contineretur ». Sunt autem bonæ fidei; Gaïus inquit, « Judicia hæc : ex empto-vendito, locato-conducto, negotio- » rum gestorum, mandati, depositi, fiduciæ, pro socio, tu- » telæ, commodati ». Denique, secundùm Justinianum, bonæ fidei actiones sunt hæ : ex empto-vendito, locato-conducto, negotiorum gestorum, mandati, depositi, pro socio, tutelæ, commodati, pigneratitia, familiæ erciscundæ, communi dividundo, præscriptis verbis, quæ de æstimato proponitur, et ea quæ ex permutatione competit, et hæreditatis petitio.

In judicio bonæ fidei, omnia quæ sunt moris et consuetudinis debent venire. Doli mali exceptiones in eo insunt : « In his quidem judici nullomodo est injunctum compen-
» sationis rationem habere ; neque enim formulæ verbis
» præcipitur, sed quia id bonæ fidei judicio conveniens vi-
» detur, id officio ejus contineri creditur ». (G. 4. 63.)
In actionibus stricti juris autem, finibus formulæ circonscriptus judex, de unâ tantùm rei obligatione strictissimô dicebat. Doli exceptiones vel aliæ æstimationes et comparationes directè persequi debebant. Posteà, ex rescripto divi MARCI, oppositâ doli mali exceptione, compensatio inducebatur ; sed justinianeâ constitutio eas compensationes quæ jure aperto nituntur, latius introduxit. « Ut actiones ipso
» jure minuant, sive *in rem*, sive *in personam*, sive alias
» quascumque ; exceptâ solâ depositi actione ; cui aliquid
» compensationis nomine opponi satis impium esse credi-
» dimus. Ne sub prætextu compensationis depositarum re-
» rum quis ex actione defraudetur ». (Inst. VI. §. 30.)

Formulæ primatim pro controversiis in quibus de obligatione agebatur introductæ, difficillimè quando de re agebatur accommodari poterant. Diximus enim in omni formulâ *condemnatio* esse pecuniaria, itâ ut, naturâ suâ, ratio formularum ad persecutionem juris *in rem* non accederet. Opus fuerat igitur ad simulationem confugere. Sponsio fuit ratio primum adhibita ob prævertendam difficultatem : sponsio actione antiquâ sacramenti imitata et effluens quâ transmutabatur quæstio, itâ ut, petitio *in rem*, *in personam* mutata videretur. Petitor adversarium sponsione provocabat sic : SI HOMO DE QUO AGITUR EX JURE QUIRITIUM MEUS EST, SESTERTIOS XX NUMMOS DARE SPONDES ? SPONDEO, aiebat possessor. Itâ constituta erat obligatio, atque formula edita erat, quâ, demùm vincebat si probaverit petitor rem suam esse. Si non probaverit? reus absolvebatur. Tamen summa sponsionis non exigebatur, propter hoc solùm promissa erat ut per eam de re ipsâ judicaretur. Nam, non pœnalis erat sponsio sed præjudicialis. Undè etiam, is cum quo agebatur *non restipulabatur;* sed quia sponsio non exigebatur is cum quo agebatur, pro *præde litis et vindiciarum* stipulabatur. Hæc stipulatio pro *præde litis et vindiciarum* indè appellata erat, quia in locum prædium successit qui olim, cum lege agebatur *pro lite et vindiciis,* id est, pro *re et fructibus* à possessore petitori dabantur. « Prædes ergò dicuntur satisdatores locupletes pro re de » quâ apud judicem lis est, ne intereà qui tenet diffidens » causæ, possessionem deteriorem faciat, tecta dissipet, ex- » cidat arbores et culta deserat ». (Cic. in Verr. II.) Sic, imitatione actionis legis per sacramentum, sub formulis, quandòque *in rem* actio erat, agebatur.

Deindè creata fuit *formula petitoria* quâ actor directè intendebat rem suam esse. Reus sinè sponsione generaliter stipulabat judicium obsequi, et stipulatio hæc pro eâ defendendâ, judicatum solvi appellabatur, et loco erat illa quæ in sponsione pro *præde litis et vindiciarium* appellabatur. Actio *in rem* igitur erat duplex, aut per sponsionem, aut per formulam petitoriam agebatur. *Condemnatio* in *formulâ petitoriâ* etiam pecuniaria erat, sed adjectione istorum verborum, NISI RESTITUAT, post *condemnationem* vel post *intentionem* ita : SI PARET FUNDUM DE QUO AGITUR EX JURE QUIRITIUM N. N. ESSE, NEQUE IS FUNDUS RESTITUATUR A. A. QUANTI EA RES ERIT, TANTAM PECUNIAM N. A. CONDEMNA ; SI NON PARET, ABSOLVE. Sic arbitraria fiebat actio quâ ob vitandam condemnationem possessor rem ipsam restituebat. Officium judicis in hâc actione talis erat, ut inspiciat an reus possideat, nec ad eum pertinebit quâ ex causâ possideat, ubi enim probavit actor rem suam esse, necesse habebit possessor restituere. Si restituit, vel restituere non potest quia sine culpâ possessionem amittit, absolvitur. Si verò restituere jussus judici non paret, et possessionem dolo amisit ad certam pecuniam secundùm actoris juramentum solvendam damnatus est. Si non dolo amisit ? Quanti adversario interfuit. Si contendit non posse restituere et si tamen habeat rem, *manu militari*, officio judicis, possessio ab eo transferenda erat.

Actiones arbitrariæ *jussu* judicis designabantur. Judex, jussum ex æquo et bono arbitrabat, undè etiam arbiter vocabatur. Adjuvantibus actionibus arbitrariis, etiam et sub formulis, qui intendebat rem suam esse ipsam rem obtinuit.

Arbitraria formula actionibus *in rem* accidit, quo eodem modo formulæ stricti juris et bonæ fidei actionibus *in personam*. Actiones omnem *in rem* igitur arbitrariæ sunt. Undè sub imperio formularum quandò certam pecuniam vel certam rem dare oporteret, quandò aliquid incertum dare, vel facere oporteret, quandò de civili unâ obligatione agerotur, stricti juris debebat esse actio. Bonæ fidei autem ? quandò de civili mutuâ obligatione. Arbitraria ? quandò de juris *in rem* petitione agebatur.

Quædam actiones *in personam*, in factum conceptæ arbitrariæ fuerunt, quia earum jura, et jura actionum *in rem* inter se conveniebant. Ità actiones *ad exhibendum, finium regundorum, de eo quod certo loco*.

Inter actiones prætorias in factum, aliæ erant arbitrariæ, sicut diximus, sed maxima earum pars nec stricti juris, nec bonæ fidei, nec arbitraria erat. In iis, litis natura et formularum *condemnatio* potestatem judicis dissimiliter constituebant.

Inter actiones in rem adnumerabantur præjudiciales quibus quærebatur aliquis libertus sit, vel quanta dos sit. Etidem præjudicia dicebantur.

Omnia judicia aut legitimo jure consistebant, aut imperio continebantur. Legitima judicia erant quæ in urbe Româ vel intra primum urbis Romæ milliarum inter omnes cives Romanos sub uno judice accipiebantur. Sublatâ unâ earum conditionum, judicia sub imperio continebantur. Hæc judiciorum differentia atque etiam tempore formularum antiquam separationem inter cives et peregrinos indicabat.

In usu fuerunt formulæ usque ad Dioclelianum imperatorem, sed jàm in diversis desertæ ; nam fuerunt extraordinaria judicia in quibus conceptio antiqua verborum nec observata, nec judex datus erat. Magistratus litem cognoscebat et judicabat. Sub actionibus legis, cùm per *manûs injectionem* agebatur, ità jàm erat ; sed sub imperio formularum hæc agendi ratio multò crevit et designationem *cognitionum extraordinariarum* habuit. In singulis tantùm causis sic primatim agebatur ; sed deindè multipliciter ; et deniquè exceptio regula facta fuit. « Placet nobis præsides » de his causis in quibus quod ipsi non possent cognoscere » notionis suæ examen adhibere ». L. 2, C. (3. 3.)

Ità deinceps omnia extraordinaria dicta fuerunt judicia. Præsides provinciarum in quibusdam causis constituendi judices potestatem habuerunt. Isti judices *pedanei* appellati, quia humiliora negotia disceptabant, à litigantibus, antequàm lis inchoaretur, et etiam recusari poterant. Judice recusato, partes ad eligendos arbitrios veniebant, et sub audientiâ eorum sua jura proponebant. Attamen isti judices vel arbitri non sub strictâ formulâ agebant, sed inter jus et judicium, antiquâ separatione dirutâ, etidem ut magistratus ipse egerunt. Adhuc etiam sub ratione cognitionum extraordinariarum magistratus et judex assessores vocabant quorum consilia accipiebant, sed si assessoris imprudentiâ, jus aliter dictum erat, quàm oportebat, non debebat hoc magistratui officere, sed ipsi assessori ; nam magistratus non per assessores, sed per se, subscribere libellos debebat. Et si quis assessori subscriptionem permiserit, mox assessor qui subscriptionem fecerat, exilio puniebatur. Magistratûs verò nomen ad imperatorem referebatur, et in eum severè vindicabatur.

Deniquè, verò plus non fuerunt actiones ; remansit nominatio sed diversiter audienda. Actor enim à lege ipsâ deinceps ausit, jus, quod, magistratus anteà ei conferebat. Actio igitur fuit juris, à lege datum, directa ogitatio.

Droit Français.

DU MARIAGE.

C. Civ Liv. 1. Tit. V.

Le mariage est la source de la multiplication des hommes; c'est aussi le principe des liens les plus forts et les plus constants qui les unissent.

Si la nature permet que chez les êtres dirigés par le seul instinct, les deux sexes n'aient que des unions passagères ; elle a fait un plus noble apanage à l'homme, en le créant intelligent et libre ; en joignant pour lui, à l'attrait du plaisir, qui est d'ordre physique, la raison, qui guide son choix ; la sensibilité morale qui détermine sa préférence et lui fait estimer et chérir l'être librement choisi. La nature a ouvert à l'homme ce code du droit naturel qui, dans tous les actes de la vie, éclaire son intelligence, et qui, dans le mariage, lui fait reconnaître des sentiments inépuisables, des obligations réciproques, des devoirs envers la famille, la patrie, la postérité ; sentiments, devoirs, qui impriment à cette société un caractère de stabilité absolue, et qui en font la plus nécessaire comme la plus solennelle de toutes les institutions.

Chez les peuples les plus ignorants comme chez les peuples les plus éclairés, le mariage a été soumis à deux ordres de lois différents; aux lois civiles, et aux lois religieuses. Par un accord étonnant mais unanime, cette institution, du moment qu'elle a eu quelque consistance, a rempli le cœur humain de tant de joie, et comblé la société de tant de bienfaits, que les hommes ne se sont point rassurés par leurs propres lois sur la solidité de ce lien admirable. Ils l'ont senti trop grand pour croire qu'il ne fût que leur ouvrage; ils ont reconnu qu'il avait été constitué par le créateur lui-même, et ils ont fait intervenir le ciel dans ce contrat dont l'influence devait être si grande sur leur destinée.

En France comme dans la plupart des Etats d'origine germanique, la législation de l'Eglise catholique sur le mariage avait été consacrée par la puissance publique, comme loi de l'Etat. Seulement, quelques ordonnances émanées des rois, avaient subordonné la validité du mariage à l'accomplissement de certaines conditions déterminées par la loi civile. Cet ordre de choses, après avoir traversé sans interruption l'étendue et la profondeur des siècles, fut renversé par la révolution de 1789. Alors l'Etat fut proclamé entièrement indépendant de l'Eglise. La loi civile et la loi religieuse cessèrent d'être unies; la constitution du 3—14 septembre 1791 érigea en principe que la loi ne considérait le mariage que comme un contrat civil; les lois 20—25 septembre 1792 — 8 nivôse an II — 24 vendémiaire an III et premier jour complémentaire de l'an V, formèrent la législation intermédiaire, relativement au mariage. Mais ces lois, décrétées alors que la France était emportée au-delà de toutes les limites par le désir impétueux des réformes, portèrent les plus graves atteintes à la sainteté de l'union conjugale.

C'est dans cette législation intermédiaire qu'on a principalement puisé pour la rédaction du titre V du Code civil ; aussi, ces dispositions, placées au point de vue de la philosophie sceptique du 18e siècle, font-elles entièrement abstraction du mariage religieux. Ce dédain s'explique de la part de législateurs, qui, sous la volonté du maître, méditaient la loi du divorce : on ne s'inquiétait guère alors de placer sous l'auguste patronage de la Divinité, des liens qu'on voulait rendre dissolubles. Cependant, tout en restant fidèle au principe posé par la constitution de 1791, principe, qui était passé en pacte social ; en admettant, que, considérer le mariage religieux comme principe essentiel, et le lien civil comme nécessaire, c'était déconsidérer le lien légal du mariage, et en rendant à celui-ci la prééminence ; il eût été à désirer qu'on eût laissé au lien religieux le caractère d'accessoire, en exigeant la célébration successive et nécessaire de l'un et de l'autre. Rien en cela n'eût été opposé à la liberté de conscience : en effet, la liberté de conscience a pour base la liberté des cultes ; or, s'il est vrai, comme cela a été hautement proclamé au sein du conseil d'état, « Que jamais, chez aucun peuple civi-
» lisé, on a cru que ce fût assez d'un magistrat, d'un
» homme, pour recevoir le serment des époux, pour leur
» conférer un si grand caractère ; que partout la Divinité
» même a été appelée en témoin et en garantie ». S'il est vrai, « qu'il est universel, ce sentiment qui porte dans ce
» grand acte de la vie, à invoquer le Ciel, en appelant le
» secours de la Religion, établie pour combler l'espace im-
» mense qui le sépare de la terre »..... Chacun n'a-t-il pas le culte auquel se soumet sa conscience, pour traduire librement cet élan religieux ? Qu'on ne dise pas, qu'il est des hommes qui n'ont aucune croyance, et qui, dès lors,

ne se soumettent à aucun culte? De tels hommes, s'il en existe, peuvent se croire quittes du côté de la conscience, sans pour cela être absous du côté de la loi civile. La loi civile dispose avant tout, pour le plus grand avantage de la société tout entière qu'elle régit : or, en exigeant la célébration du mariage religieux, on eût sauvé la morale ! et la morale a une influence assez directe et assez incontestable sur l'état des sociétés, pour que la violation manifeste de ses préceptes de la part de quelques-uns, ne soit pas tolérée au préjudice de tous. Par l'existence du lien religieux, on eût rendu au mariage le caractère solennel qu'il comporte, caractère, qu'il serait peut-être plus urgent que jamais de lui voir reprendre.

Toutefois, sous d'autres rapports, les législateurs comprirent la nécessité de restituer au mariage la dignité dont on l'avait dépouillé ; dans cette vue, ils ont reproduit un grand nombre des dispositions de l'ancien droit, relatives à la célébration du mariage, à ses empêchements et à la puissance maritale.

Le Code ne contient pas de définition du mariage. Les rédacteurs en avaient cependant proposé une, ainsi conçue : « Le mariage est un contrat dont la durée est dans l'inten» tion des parties contractantes celle de la vie de l'une » d'elles. Ce contrat peut néanmoins être résolu avant la » mort de l'un des époux dans les cas, ou pour les causes » déterminées par la loi. » Mais, le conseil d'état avait admis en thèse générale, la maxime *omnis definitio in jure periculosa*. Plus particulièrement, il déclara que dans l'espèce, la définition présentée n'était pas complète ; que d'une autre part, elle n'était pas d'absolue nécessité.

Qu'est-ce donc que le mariage, comment peut-il être défini ?

On disait contre la définition du projet : s'il est bien vrai que la durée de ce contrat est dans l'intention des époux, celle de la vie de l'un d'eux, il a cela de commun avec d'autres contrats ; ce caractère ne le distingue pas suffisamment. On peut ajouter encore que la définition du projet du Code ne considérait le mariage que sous l'un de ses rapports, le plus important à la vérité, celui de sa durée. Cette définition décelait la pensée du divorce.

Le mariage a été défini encore « la réunion de l'homme » et de la femme, dans le but de propager leur espèce. » Mais cette définition, qui ne comprend que le rapport physique du mariage, confond sa cause avec l'un de ses effets. Ce n'est pas le commerce charnel qui constitue le mariage ; la cause du mariage a été d'établir l'ordre des sociétés, de donner aux enfants un père avoué, qui répondît d'eux, et en prît soin. « L'obligation naturelle qu'a le » père de nourrir ses enfants, a fait, dit Montesquieu, « établir le mariage qui déclare celui qui doit remplir » cette obligation. »

M. Portalis, dans son magnifique exposé de la loi relative au mariage, le définit : « La société de l'homme et » de la femme qui s'unissent pour propager leur espèce, » pour s'aider par des secours mutuels, à porter le poids » de la vie, et pour partager leur commune destinée. » Cette définition rend parfaitement l'idée de la société conjugale, sous les rapports de l'ordre physique et de l'ordre moral, mais une pareille société ne constitue un mariage qu'autant qu'elle réunit les conditions auxquelles la loi civile a subordonné son existence ; d'où il suit, qu'en présentant l'idée de cette société, indépendamment de ces lois, on ne saurait définir le mariage.

D'après l'esprit du droit français, le mariage est l'union de deux personnes de sexe différent, contractée avec les solennités déterminées par la loi. Cette définition se déduit presque littéralement de celle donnée par Pothier, dans l'ancien droit... « On peut définir le mariage un contrat revêtu des formes que les lois ont prescrites, par lequel un homme et une femme, habiles à faire ensemble ce contrat, s'engagent réciproquement l'un envers l'autre à demeurer toute leur vie ensemble dans l'union qui doit être entre un époux et une épouse. » (*Du mariage*, 1. 4.)

Le titre du Code civil relatif au mariage se divise en deux parties principales. L'une de ces parties embrasse tout ce qui appartient au caractère constitutif de cet acte et à sa stabilité; l'autre se rapporte à ses effets et à sa durée. La première partie détermine dans les quatre premiers chapitres, les qualités et les conditions requises pour le mariage, les formalités relatives à sa célébration, les cas où les oppositions sont autorisées, et ceux où peuvent l'être les demandes en nullité de mariage. La seconde partie rappelle dans les cinquième et sixième chapitres, aux pères et aux enfants, les obligations qui naissent pour eux du mariage; aux époux, leurs droits et leurs devoirs respectifs; spécifie par le septième, les cas qui en amènent la dissolution; et par le huitième, ceux où de seconds mariages peuvent avoir lieu.

CHAPITRE Ier.
Des qualités et conditions requises pour contracter mariage.

Aristote voulait qu'on ne se mariât qu'à trente-cinq ans, et Montaigne loue beaucoup cette opinion. Platon permettait le mariage à trente ans. On peut dire qu'il y a eu à cet égard autant d'avis divers que de philosophes, que de légistes. Les anciens Gaulois estimaient à extrême reproche de s'être uni à une femme avant l'âge de vingt ans. Dans l'ancien droit français le mariage était permis à quatorze ans pour les hommes et à douze ans pour les femmes. Cette fixation de la nubilité, originairement portée pour Athènes, admise ensuite à Rome et à Constantinople, pouvait convenir, pouvait même être sollicitée par la nature dans ces climats brûlants ; mais, adoptée sous le ciel tempéré de la France, elle aurait pu y produire des effets désastreux, *si mieux conseillés par la nature que par la loi, la presque universalité des citoyens ne se fût abstenue d'une faculté aussi dangereuse*. On mariait rarement en effet des enfants de treize à quatorze ans; si de grands intérêts déterminaient à former de telles unions, on séparait les époux jusqu'à ce qu'ils eussent atteint l'âge d'une maturité plus avancée. Le mariage est un contrat, point de contrat sans consentement, tout consentement supposo dans celui de qui il émane la capacité de contracter; or, à l'âge de douze et de quatorze ans, des époux ont-ils assez de discernement pour donner un consentement réfléchi? Ont-ils la maturité d'esprit et l'expérience nécessaires pour élever des enfants, les conserver et diriger leur conduite? Ces considérations commandaient la réforme de la législation ancienne et de la législation intermédiaire. Celle-ci avait fixé l'âge de nubilité à quinze ans pour les hommes, et treize ans pour les femmes; parce qu'il ne fallait rien conserver de ce qui était autrefois, mais non pas assurément pour mieux satisfaire au vœu de la nature et de la raison ! En déterminant l'âge de dix-huit ans pour les hommes, et de quinze ans pour les femmes, le Code a sanctionné une innovation heureusement assortie à l'état de notre société.

La fixation de l'âge propre au mariage fut changée sur cette interpellation du premier consul : « Est-il à désirer » que la génération tout entière puisse se marier à douze et à quatorze ans »? On répondit unanimement non : cependant on observa que des circonstances rares mais impérieuses pourraient nécessiter de semblables mariages. « Il » ne faut donc pas l'y autoriser », reprit le premier consul. « Il est préférable d'ériger en règle ce qui est conforme à » l'intérêt public, et de ne permettre que par une excep- » tion dont l'autorité publique sera juge, ce qui ne sert que » l'intérêt particulier. »

Toutefois, ce droit accordé à l'autorité publique paraît au premier coup-d'œil bizarre ; on comprend mal comment l'autorité publique peut dispenser des lois de la nature? Mais la réflexion amène à observer qu'en fixant un âge pour le mariage, la loi n'a pas entendu déterminer que cet âge fût le seul propre au mariage ; la loi n'a pas été dans le secret de la nature pour prétendre établir ainsi une règle invariable ; elle n'a eu en vue que de tracer, à l'aide d'observations, une règle conforme à la nature. Or, en faisant, dans certains cas, fléchir cette fixation, la loi ne dispense pas des lois de la nature qui lui sont toujours inconnues ; elle dispense, de ce qu'elle a disposé comme lui étant conforme ; parce que, dans des cas particuliers, cette conformité ne se rencontre plus.

Le mariage est un contrat, et tout contrat se forme par le consentement. Or, si, pour le plus mince intérêt, il n'est pas de conventions humaines légitimes, sans le concours de volontés parfaitement libres, il ne pouvait pas être, que le consentement libre ne fût pas le point fondamental et de nécessité rigoureuse pour le contrat le plus sacré qui existe parmi les hommes. Aussi n'y a-t-il pas de mariage lorsqu'il n'y a pas de consentement. Cette disposition concise du Code laisse les tribunaux appréciateurs des espèces particulières où il peut ne pas y avoir eu de consentement libre, ou même ne pas y avoir eu de consentement. Lors de la discussion, l'art. 146 avait une seconde partie ainsi conçue : « *Il n'y a pas de consentement lorsqu'il y a violence, séduction ou erreur sur la personne.* » Cette seconde partie de l'article avait même été adoptée, mais on fit beaucoup d'efforts pour déterminer ce qui pouvait constituer le défaut de liberté, pour marquer le véritable caractère de la violence, pour régler les cas où il y aurait erreur sur la personne ; les discussions métaphysiques auxquelles on se livra n'aboutirent qu'au retranchement de la seconde partie de l'article, qui resta réduit à ces mots : « *Il n'y a pas de mariage lorsqu'il n'y a pas de consentement.* »

Mais, par cela même qu'au sein du conseil d'état la discussion de cet article avait donné lieu à d'aussi graves débats, le retranchement qui y fut opéré laissa subsister beaucoup d'incertitudes, et son application a donné cours à bien des systèmes. Le conseil d'état avait-il voulu ne pas donner de règles précises aux tribunaux, afin qu'ils pussent juger d'après les circonstances ? Il est certain que ce système n'y fut pas discuté : toutefois, plusieurs considérations établissent qu'il était vraiment dans l'esprit du législateur. En effet, il existait dans le projet du Code une disposition qui déclarait les sourds-muets de naissance incapables de contracter mariage, à moins qu'il ne fût constaté qu'ils étaient capables de manifester leur volonté. Mais cette disposition fut retranchée comme inutile, en

présence de l'article 146. On convint d'établir, par une autre disposition, la manière dont les sourds-muets devraient manifester leur volonté ; mais il n'en fut rien fait, et cet oubli est un abandon tacite de la loi à la sagesse du juge. De même encore, une disposition déclarait l'interdit pour cause de démence ou de fureur, incapable de contracter mariage; cette disposition fut aussi retranchée comme inutile, en présence de la règle générale qui exigeait pour le mariage un consentement valable. Or, cette règle générale dont on parlait, ne pouvait être que celle consignée dans l'article 146. Il a donc encore par là été reconnu que l'article 146 comprenait implicitement le cas où l'un des contractants, est, à raison de son état mental, dans l'impossibilité de consentir au mariage. Or, comme cette impossibilité est le résultat d'un fait à apprécier, et que la loi n'a pas déterminé de quelle manière se doit faire cette appréciation, il résulte encore qu'elle l'a abandonnée au pouvoir du juge. Ces remarques, d'ailleurs, sont d'accord avec ces paroles prononcées par l'un des orateurs du tribunal :
« Dans tous les cas (de violence ou d'erreur), les déci-
» sions de la justice dépendent nécessairement des
» faits particuliers à chaque espèce..... Le plus grand
» acte de sagesse du législateur est de s'en remettre à celle
» des tribunaux..... Point de consentement, ou de consen-
» tement parfaitement libre, point de mariage..... Ce fanal
» dirigera bien plus sûrement les juges que des idées méta-
» physiques ou complexes, qui pourraient ne faire que les
» embarasser ou les égarer. »

L'article 146 fait ressortir d'une manière non équivoque, surtout si on le rapproche de l'article 180, la distinction entre la non-existence et la nullité du mariage. Cette distinction n'avait point échappé au coup-d'œil pénétrant du premier consul qui la proclama au sein du conseil d'état, lorsqu'il dit, en parlant de la première rédaction de l'article 146, « Qu'elle n'était pas exacte en semblant supposer que dans » le cas où il n'y avait pas de consentement libre, il y avait » un mariage, mais qu'il n'était pas valable ; tandis qu'au » contraire, il n'y avait pas de mariage où il n'y avait pas » de consentement libre »... Et encore, lorsqu'il répondit à M. Tronchet qui proposait de placer le chapitre IV à la tête du projet de loi et d'y placer l'article 146 : « Que placer » cet article dans le chapitre IV, ce serait mêler ensem- » ble les cas où il n'y a pas de mariage et les cas où le » mariage peut être cassé ».

Le mariage est inexistant, lorsqu'il ne réunit pas les conditions essentielles à son existence de fait, d'après le droit civil, ou qu'il n'a pas été accompagné des solennités indispensables pour lui donner une existence juridique, d'après l'esprit de ce même droit. L'inexistence du mariage est indépendante de toute décision judiciaire, elle ne se couvre ni par la prescription ni par la confirmation. Le Code toutefois n'a pas indiqué quelles sont les conditions nécessaires à l'existence même, à la formation du mariage ; mais cette désignation résulte parfaitement de l'ensemble de ses dispositions.

Trois conditions sont, d'après le droit français, essentielles à l'existence du mariage. Savoir, la capacité des parties contractantes, qui doivent jouir de l'état civil (puisque notre législation ne considère le mariage que comme un acte civil), et doivent être de sexe différent ; en second lieu, leur consentement mutuel ; en troisième lieu, la célébration solennelle de l'union devant l'officier de l'état civil. Privé de l'une ou de l'autre de ces conditions, le mariage est à considérer comme non avenu. Dans le cas contraire, il doit être considéré comme existant.

En général, le consentement des contractants doit être manifesté de vive voix. Cependant, il résulte de la discussion dont nous avons parlé, relative aux sourds-muets qui pourraient manifester leur consentement d'une manière quelconque, que la déclaration voulue par l'article 75, ne doit pas indispensablement être verbale, qu'il suffit d'un consentement traduit par des signes non équivoques, et ne laissant aucun doute sur l'adhésion des parties au mariage.

Tout mariage existant, exclut la possibilité d'en contracter un second. La multiplicité des mariages était repoussée par la morale et par nos mœurs; car la nature, en plaçant en nous des penchants irrésistibles, a mis dans nos cœurs la règle et le frein de ces penchants. Autorisée dans certains climats où la civilisation n'a pas pénétré, et dans d'autres, d'où elle semble se retirer tous les jours; la multiplicité des mariages serait absurde dans le nôtre. En effet, elle entraîne nécessairement la servitude d'un sexe et le despotisme de l'autre ; or, comment pourrait-elle s'accorder avec nos mœurs qui ont banni toute idée de servitude, aussi bien de la constitution de la famille que de la constitution de l'état.

Nulle part, les enfants dans le premier âge des passions n'ont été abandonnés à eux-mêmes pour l'acte le plus important de leur vie. Dans quelques législations anciennes, les magistrats avaient le droit d'inspection sur le mariage des citoyens ; ainsi le prescrivait Platon. C'est ainsi que cela se pratiquait à Lacédémone. Mais dans la plupart des institutions, ce droit appartenait aux pères. «C'est, dit
» Montesquieu, aux pères à marier leurs enfants : leur pru-

» dence à cet égard sera toujours au dessus de toute autre
» prudence. La nature donne aux pères un désir de pro-
» curer à leurs enfants des successeurs, qu'ils sentent à peine
» pour eux-mêmes : dans les divers degrés de progéniture,
» ils se voient avancer insensiblement vers l'avenir... »
Le Code a consacré ce principe en le faisant toutefois découler d'idées tout-à-fait contraires à celles admises dans l'antiquité. En effet, dans les législations anciennes, la nécessité du consentement du père était fondée sur le droit de puissance que celui-ci avait sur ceux auxquels il avait donné le jour ; droit de puissance, que ne partageait pas la mère, durant la vie du chef du mariage ; que ne partageaient pas non plus, les ascendants dans la ligne maternelle, tant qu'il en existait dans l'autre ligne. Mais les idées sur la puissance paternelle, mitigées déjà par la suite des âges, ont été remplacées par des idées plus douces et mieux en harmonie avec les inspirations de la nature. L'intérêt et l'amour des enfants gravés dans le cœur des pères leur donne une autorité, et leur enseigne bien mieux à l'exercer, que ne pouvait le faire ce droit inouï de propriété qui leur appartenait dans l'origine. La loi donc, prenant en considération l'amour des pères, et leur raison, veut que le fils jusqu'à l'âge de vingt-cinq ans, et la fille chez laquelle la nature se développe plus vite, jusqu'à l'âge de vingt-un ans, trop inexpérimentés et trop faibles contre l'attrait des illusions, ne puissent contracter mariage sans avoir obtenu leur consentement.

Par une conséquence naturelle et forcée des idées équitables admises par la loi, la mère devait comme le père être appelée à donner son consentement au mariage de son enfant ; les mêmes sentiments, en effet, l'animent et sont chez elles bien plus énergiques. La mère doit donc toujours être consultée et l'officier de l'état civil ne peut passer outre au mariage sur le seul consentement du père qu'autant qu'il lui est justifié de l'accomplissement de cette condition. Toutefois, la prééminence du sexe a, dans cette occurrence, comme toujours, valu, en cas d'avis différents, la prépondérance au suffrage du père.

Enfin, par une autre conséquence des idées bienfaisantes admises en principe, l'obligation imposée aux enfants a été pour le cas de mort des père et mère, ou d'impossibilité de manifester leur volonté, étendue aux ascendants. Les mêmes droits doivent, en effet, appartenir à tous ceux en qui se trouvent les mêmes intérêts : aussi, quoique l'article 150 ne désigne textuellement que les aïeuls et aïeules, nul doute que d'après son esprit il doive être étendu aux bisaïeuls et trisaïeuls. Cependant comme les précautions de la loi ne devaient pas aller jusqu'à paralyser la liberté des mariages, en cas de partage d'avis entre les deux lignes, elle statue, en leur faveur, que ce partage vaut consentement. Après la mort des père et mère, la préférence du degré plus proche, de même que la prépondérance du sexe, existent encore, mais dans chaque ligne en particulier, et non pas d'une ligne à l'autre. La preuve de la mort dans tous ces cas est faite par l'attestation de l'époux ou des aïeuls survivants, et si les parents dont le consentement est requis, sont décédés et qu'on ne puisse reproduire leur acte de décès, il peut être procédé au mariage des majeurs sur leur déclaration à serment qu'ils ne connaissent ni le lieu du décès, ni celui du dernier domicile de leurs ascendants. Ceci résulte d'un avis du conseil d'état rendu le 4 thermidor an XIII. Lorsque le parent ou les parents qui doivent consentir au mariage existent, mais ne doivent pas exister à sa célébration, l'officier de l'état civil ne saurait passer outre à cette célébration sans une attestation *authentique* qui seule peut suppléer le consentement verbal. Cette attestation devra contenir les noms, prénoms, professions, domiciles des *deux* futurs époux. Une attestation qui ne contiendrait que la mention du futur époux à qui le consentement est donné, serait insuffisante et inadmissible. Le consentement des ascendants est exigé avant tout, afin qu'il soit certain que le choix de l'enfant a été par eux examiné et approuvé ; aussi bien, est-il vrai de dire, qu'un consentement, donné d'une manière générale, ne serait ni satisfaisant ni valable.

Parvenus à l'âge déterminé par la loi, les enfants deviennent les arbitres de leur propre destinée ; jusque-là ils ont existé sans vivre, mais alors ils vivent, et peuvent comprendre seuls tous les actes de la vie. Dès lors, avec cette intelligence, seuls aussi, ils peuvent les accomplir.

Mais si leur intelligence est dégagée de toute obligation, il n'en est pas ainsi de leur cœur ; si les bienfaits d'un père et d'une mère ne se peuvent jamais reconnaître ! au moins ne doivent-ils jamais être oubliés. L'enfant doit à tout âge honneur et respect à son père et à sa mère ! et cela est vrai, cela est juste, surtout, à l'époque du mariage ; dans cet instant solennel de la vie, l'enfant doit aux auteurs de ses jours un hommage tout particulier. Le mariage, en effet, est destiné à étendre les rameaux de la famille ; par lui, les pères voient naître de leurs enfants un nouvel ordre de descendants ; ne serait-il pas inouï dès lors qu'ils restassent étrangers à un contrat duquel dépend l'existence de leur postérité ? « On » ne se marie pas pour soy quoyqu'on die ; on se marie » autant ou plus pour sa postérité, pour sa famille. L'usage » et l'interest du mariage touche nostre race bien loin » pardelà nous ». (Montaigne, p. 407) La loi qui est l'expression de tout ce qui est bien, n'avait garde d'oublier d'établir un culte pour les enfants qui seraient tentés de s'écarter des devoirs de la piété filiale.

Les dispositions du Code, relatives au conseil que les enfants qui ont atteint la majorité du mariage doivent néanmoins demander à leurs père et mère, avaient eu des devancières dans notre ancienne législation. La première mention précise à cet égard est une ordonnance rendue par Henri II en 1556 qui prononça : « Que les enfants de famille ayant
» contracté ou qui contracteraient mariage au déceu de leurs
» père et mère, seraient, pour telle irrévérence et ingrati-
» tude, par leurs dits père et mère, exclus et exhé-
» rédés de leurs successions ». Cet édit fut rendu à l'occasion de la promesse de mariage faite par le duc de Montmorenci à Mlle de Pienno sans le consentement du connétable, sur le retardement que mit le Pape Paul IV à expédier la dispense que le Roi et le connétable lui demandaient à l'effet de relever le duc de sa promesse, afin qu'il pût épouser Mme Farnèse, fille naturelle de Henri II. Mais cette mesure déterminée par une circonstance politique ne tarda pas à être modifiée par l'ordonnance des états de Blois de 1579. Cette ordonnance maintint la peine d'exhérédation mais seulement pour les fils jusqu'à l'âge de trente ans et pour les filles jusqu'à l'âge de vingt-cinq ans. Passé cet âge, les enfants furent affranchis de cette peine ; seulement, on leur enjoignit de se mettre en devoir de requérir l'avis et conseil de leurs père et mère avant de contracter mariage.

Toutefois, ces mesures eurent peu d'effets ; une déclaration du 26 novembre 1639 énonça que le pouvoir d'exhéréder accordé aux père et mère ne donnait pas à la loi une sanction suffisante ; que l'indulgence des père et mère les conduisait à remettre leur offense particulière, et leur faisait oublier ce qu'ils devaient eux-mêmes à l'ordre public..

Il fut dès lors établi que les mariages contractés sans le consentement ou le conseil des père et mère seraient déchus des effets civils. Les fils âgés de trente ans et les filles âgées de vingt-cinq ans restèrent soumis à l'obligation de requérir l'avis et conseil des père et mère, *par écrit*. Telle est l'origine des actes respectueux; mais la foi de ces actes était souvent suspecte; de plus, ils recevaient un caractère différent de celui qu'ils auraient dû avoir, car ils étaient dressés par des sergents de justice, ce qui, en fait, leur donnait plutôt l'aspect d'un nouvel outrage, que le caractère d'un acte de déférence. Ce fut à tel point, que le parlement publia, le 27 août 1692, un règlement où étaient déterminées les formes à employer désormais dans ces actes, qui prirent dès lors le nom de *sommations respectueuses*. Cette dénomination, est encore, mais on ne peut plus improprement, usitée aujourd'hui. Le mot *sommation* en effet, emporte une idée que le législateur du Code a pris le plus grand soin d'écarter.

Ces règles étaient restées en vigueur jusqu'en 1792. A cette époque elles furent effacées de notre législation. Quels motifs, les avaient en effet, le plus souvent déterminées ? Des motifs politiques ; l'orgueil, pour protéger de vaines distinctions de familles : car ce qu'on avait aperçu jusqu'à cette époque de plus précieux dans l'autorité des pères ? c'était d'empêcher entre les races, un mélange qui était considéré comme un affront.

Le Code en adoptant le principe, et en rejetant les préjugés qui lui avait donné lieu, a conservé ce qu'il y avait de bon dans notre ancienne jurisprudence ; il a voulu que les enfants de famille parvenues à la majorité du mariage demandassent, avant de le contracter, l'avis et conseil de leurs pères et mères ; il a déterminé que ce conseil doit être requis par un acte respectueux et par le ministère du notaire; ces officiers publics, dépositaires des secrets des familles, sont en effet ceux dont on réclame le plus souvent l'intermédiaire pour régler amiablement les difficultés qui y surgissent. La loi évite ainsi non-seulement les actes, mais encore la dénomination toujours blessante des actes judiciaires. Cette obligation, de même que celle de la demande du consentement, a été étendue ; le Code, encore ici, exige la même déférence de la part de l'enfant envers ses aïeuls et aïeules, en cas de décès de son père et de sa mère.

Les anciens réglements n'expliquaient pas si les actes respectueux devraient être répétés. La loi n'a pas laissé d'incertitude sur un point aussi important; aussi, pour donner aux pères et aux mères et aux enfants l'occasion et le temps de s'expliquer, elle a eu soin de déterminer un délai suffisant pour que la tendresse des pères et la confiance des enfants puissent exercer leur première et mutuelle influence. C'est pourquoi, si la réponse à un premier acte respectueux n'est pas conforme au vœu de l'enfant, il doit être jusqu'à l'âge de 30 ans pour les fils et de 25 ans pour les filles, renouvelé deux autres fois, de mois en mois, sans que, en outre, le mariage puisse être célébré moins d'un mois après la dénonciation du troisième acte. Après l'âge de *trente ans pour les fils et celui de vingt-cinq ans pour les filles*, car bien que l'article 153 ne fasse pas cette distinction, la pensée en est assez indiquée par l'article 152, la loi considère que la cause du dissentiment des pères et mères étant, presque toujours, dans la fougue des passions qui entraîne les enfants, et dans leur inexpérience, cette cause ne peut plus être présumée; Aussi, en maintenant toujours le respect dû aux pères et mères, elle abrège le temps de la suspension du mariage et et n'exige plus qu'un seul acte respectueux; un mois après lequel, le mariage peut être célébré.

L'article 154 exige que le procès-verbal de la notification de l'acte respectueux fasse mention de la réponse qui y aura été faite. Mais le législateur n'a pas entendu, par là, que les ascendants dont l'avis serait contraire fussent obligés d'en expliquer les motifs. En effet, dans le cas même où le défaut de consentement de leur part est un empêchement au mariage, ils sont dispensés de révéler les motifs de leur refus; à plus forte raison donc, ils doivent être dispensés de le faire, lorsque leur réponse n'a d'autre effet que de suspendre, pendant un temps limité, la célébration du mariage.

La loi a encore prévu le cas d'absence de l'ascendant auquel doit être fait l'acte respectueux : le mariage alors peut être célébré en constatant cette absence (pourvu toutefois que l'ascendant absent soit le dernier dont le conseil doit être requis,) soit sur la présentation du jugement qui l'a déclarée, soit sur celle du jugement qui a ordonné l'enquête sur l'absence, soit enfin, à cause de la faveur due au mariage, s'il n'y a aucun jugement rendu, sur un acte de notoriété délivré par le juge de paix sur la déclaration de quatre témoins.

Enfin, fidèle à son système qui consiste à gagner le cœur des pères et mères et des enfants, plutôt que de retenir ceux-ci par la crainte des peines que les pères et mères ne sauraient prononcer, le Code a déterminé une sanction pénale contre l'officier de l'état civil qui procèderait à la célébration d'un mariage sans exiger la production, soit du consentement des parties, soit des actes respectueux. De cette manière l'exécution de la loi est assurée.

Le Code a étendu aux enfants naturels légalement reconnus, la protection qu'elle accorde aux enfants légitimes, en les soumettant à rapporter le consentement des ascendants. Les enfants naturels reconnus étaient privés de cette protection, lorsque le consentement n'était requis que par une suite de la puissance paternelle : en effet, la puissance paternelle ne pouvait être produite que par un mariage légitime : *ii qui ex coitu nascuntur, in potestate patris non sunt....* Toutefois, comme les enfants naturels n'ont pas de famille, la disposition a été limitée pour eux, aux pères et mères seulement qui les ont reconnus.

D'une autre part, s'il est vrai que l'enfant naturel qui n'a pas été reconnu, ou celui qui après l'avoir été, a perdu ses père et mère, n'appartient à personne, la loi n'a pu cependant l'abandonner sans protection. Privé d'une famille particulière, l'enfant naturel appartenait à la grande famille de la société, et la société devait le protéger, par cela même, que tout autre appui lui manquait. C'est pour cela, que le Code lui accorde, dans le cas de mariage, et jusqu'à l'âge de 21 ans seulement, la protection du consentement d'un tuteur spécial qui doit lui être nommé.

Restait le cas où il n'y aurait pour le fils de famille ni père ni mère ni autres ascendants. La sollicitude de la loi à l'égard des mineurs a exigé que, jusqu'à l'âge de 21 ans, ils ne puissent contracter mariage sans le consentement du conseil de famille.

Le mariage ne pouvait être permis entre toutes personnes. Entre personnes d'un certain ordre, il serait inconciliable avec les lois physiques de la nature, il serait subversif de toute morale, *il ferait horreur.* « Non omnes nobis
» uxores ducere licet : nam a quarumdam nuptiis abs-
» tinendum est : inter eas enim personas quæ parentum
» liberorumve locum inter se obtinent, contrahi nuptiæ

» non possunt usque in infinitum. Si quis quas moribus
» prohibemur uxores ducere duxerit, incestas atque nefa-
» rias nuptias contraxisse dicitur, » disait la loi romaine.
Mais ce ne sont pas les enseignements et les défenses des
lois, qui, jusque dans les lieux les plus reculés, ont consacré
les mêmes principes ; c'est un sentiment plus puissant que
toutes les lois, qui, par toute la terre, indépendamment de
toute communication a porté les hommes à maudire les mariages incestueux.

En ligne directe, le mariage est donc, par une loi de la
nature, passé dans toutes les législations, prohibé entre
tous les ascendants et descendants légitimes ou naturels
et les alliés dans la même ligne. Et ici, il est question de la
parenté naturelle, même non reconnue ; de la parenté naturelle produite par le seul lien du sang ; cette parenté, fût-
elle même le résultat d'un crime, ce qui alors exclurait
toute possibilité de parenté civile. C'était ainsi qu'à Rome
un frère et une sœur utérins qui n'étaient pas parents aux
yeux du droit civil, ne pouvaient cependant contracter mariage ensemble. C'est ainsi encore que la parenté naturelle,
résultant soit du *concubinatus*, soit du commerce illicite d'où
naissaient les *spurii*, soit du *contubernium*, formait empêchement au mariage. Et pour rendre aussi rare que possible la
réalisation d'aussi monstrueux assemblages, la loi romaine
voulait que le doute, en pareille matière, formât empêchement au mariage. *Idem dicendum est ut pater filiam non possit
ducere, etsi dubitetur patrem eum esse.* (L. 14. D. 23. 2.)

En ligne collatérale, la défense ne va pas aussi loin. Le
mariage est prohibé seulement entre le frère et la sœur
légitimes ou naturels et les alliés au même degré : entre
l'oncle et la nièce, la tante et le neveu. Le Code n'a pas
étendu les prohibitions en ligne collatérale autant que la loi

romaine et que l'ancienne législation française. Celle-ci avait admis pour la computation des degrés, tantôt la règle du droit romain, tantôt celle du droit canonique, bien que cependant, la manière de compter ne fût pas la même dans les deux. Suivant le droit romain, les cousins-germains sont au quatrième degré, tandis qu'ils n'étaient qu'au second, suivant le droit canonique ; or, les lois romaines ayant défendu les mariages jusqu'au quatrième degré, on fit confusion avec le quatrième degré du droit canonique, en sorte que la défense de contracter mariage jusqu'au quatrième degré comprit jusqu'aux petits-enfants des cousins-germains. Le Code a rectifié cette confusion. Il a permis les mariages entre cousins-germains, mariages que le droit naturel n'avait jamais défendus et que la loi romaine avait fini par admettre. *Duorum autem fratrum vel sororum liberi, vel fratris et sororis, conjungi possunt.* (Inst. Liv. tit. 10. § 4.)

L'alliance, résultant d'un mariage qui serait postérieurement dissous, produirait une prohibition de mariage entre chacun des ci-devant conjoints et les parents légitimes ou naturels de l'autre ; car l'annulation du mariage n'aurait pas fait cesser l'affinité produite par le commerce des époux, et cette affinité naturelle, de même encore que celle qui résulterait d'un commerce illicite, doit suffire pour créer un empêchement de mariage. Les bonnes mœurs, l'honnêteté publique, seraient révoltées, si un individu, après avoir vécu publiquement avec la mère, pouvait ensuite épouser la fille. *In contrahendis nuptiis naturale jus et pudor inspiciendus est* (L. I. 14. D. 23. 2.)

La prohibition de mariage entre l'oncle et la nièce, la tante et le neveu n'existait pas dans la loi du 20 septembre 1792. Mais le droit romain l'avait toujours maintenue. *Quia parentum loco habentur.* Vainement, l'empereur Claude, violemment épris des charmes d'Agrippine, fille de son frère Germanicus, fit-il rendre un sénatus-consulte qui permettait à l'oncle d'épouser la fille de son frère ; cet exemple n'eut pas d'imitateurs : *non repertis qui sequerentur exemplum.* Les jurisconsultes décidèrent d'abord que cette loi n'était susceptible d'aucune extension et que la permission qu'elle accordait pour le mariage d'un oncle avec la fille de son frère, ne pouvait pas s'étendre à celui d'un oncle avec la fille de sa sœur. Enfin, le sénatus-consulte fut aboli par la loi 1re au Code Théodosien. *De incestis nuptiis.* Basilique le tyran esseya encore de favoriser ces sortes de mariage, mais ils furent de nouveau proscrits par Anastase *(L. ult. ff. de incest. et inutil. nupt.)* La loi du Lévitique voulait que ceux qui contracteraient de semblables mariages fussent mis à mort en présence du peuple. *Occidentur in conspectu populi sui quia nefariam rem operati sunt.* (Ch. 20. v. 17.)

Le Code a adopté le principe du droit romain, et le motif de ce principe ; il prohibe le mariage entre l'oncle et la nièce, la tante et le neveu. *Quia loco parentum habentur.*

La loi romaine contenait aussi une prohibition à l'égard de la grand'tante et du petit-neveu, du grand-oncle et de la petite-nièce. *Verum est magnam quoque amitam et materteram magnam prohiberi uxorem ducere.* (Inst. L. 1. tit. X. § 5. En doit-il être ainsi dans notre législation ? Le Code n'en parle pas, et le conseil d'état, s'autorisant de cette omission, s'était prononcé pour la négative. Mais Napoléon n'approuva pas cet avis, et sans faire mention du sentiment du conseil d'état, il fit insérer au Bulletin des Lois, le 7 mai 1808, la décision contraire. Delà, et bien que cette décision, rendue sans les formes ordinaires des décrets, non revêtue de signatures, n'ait, par cela-même, aucune autorité législative, il a été généralement admis que l'article 163 devait être étendu au grand-oncle et à la petite-nièce, à la grand'tante et au petit-neveu. Toutefois, la comparaison des art. 163, 161 et 162, démontre que la prohibition contenue au premier de ces articles ne comprend pas les oncles et les tantes, nièces et neveux par alliance, non plus que les personnes du même degré en parenté naturelle. Aussi bien, les raisons qui ont motivé l'art. 163, ne se retrouvent-elles plus dans ces deux espèces.

Enfin, l'adoption est une image de la parenté légitime : *et hæc adeo vera sunt ut quamvis per adoptionem parentum liberorumve loco sibi esse cœperint non possunt inter se matrimonio jungi ; in tantùm, ut etiam dissoluta adoptione, idem juris maneat* (Inst. L. 1. T. X. § 1). Le Code, dans l'art. 348, a prohibé le mariage entre l'adoptant, l'adopté et ses descendants ; entre les enfants adoptifs de la même personne ; entre l'adopté et les enfants qui surviendraient à l'adoptant ; entre l'adoptant et le conjoint de l'adopté, et réciproquement.

Il en était ainsi dans le droit Romain. *Quin etiam nefas existimatur, eam quoque uxorem ducere, quæ per adoptionem filia, neptisve esse cœperit ; in tantum, ut, et si per emancipationem adoptio dissoluta sit, idem juris maneat. (L. 55. D. de Ritu nupt.).*

Adoptivus filius eamque patris adoptivi uxor fuit, ducere non potest, quia novercæ locum habet. (L. 14. in principio. D. de R. N.).

Item si quis filium adoptaverit, uxorem ejusdem quæ nurus loco est, ne quidem, post emancipationem filii, ducere poterit : quoniam aliquando nurus ei fuit. (L. ead. 14, § 2).

Per adoptionem quæsita fraternitas impedit nuptias. (L. 17. D. eod. tit.).

Tout en établissant que les lois humaines pouvaient, dans

des cas très graves, être susceptibles d'exception et de dispenses, le Code avait cependant reconnu que, dans la matière du mariage, ce droit devait être limité, et que les motifs d'honnêteté publique qui interdisaient le mariage entre frères et sœurs, devaient l'emporter dans tous les cas sur les considérations particulières, sans qu'il pût être au pouvoir des hommes, d'établir une exception à l'égard des alliés au même degré. En conséquence, les législateurs du Code avaient établi l'exception et la dispense pour le cas seulement de l'article 163. Mais les législateurs de 1832 ont pensé autrement ; ils ont étendu l'exception et le droit d'obtenir des dispenses aux frères et sœurs par alliance. Indépendamment des considérations puissantes tirées de la loi naturelle, qui avaient déterminé les législateurs du Code civil à proscrire entièrement les mariages entre les frères et sœurs par alliance : les considérations de moralité surgissent en foule, pour établir l'utilité de cette doctrine. dans cet ordre de parenté, en effet, entre personnes, qui, jusqu'à l'événement qui les rapproche, ont été étrangères les unes aux autres, les sentiments ne peuvent avoir la même perfection, que, lorsqu'ils ont commencé avec la vie, lorsqu'ils ont grandi et se sont épurés au foyer de la famille, sous l'œil vigilant du père et de la mère. On ne rencontre pas entre parents de cet ordre, cette amitié qui a été toute pure dans son principe, qui a vieilli, telle, dans le cœur, et qui a produit ce respect que les membres d'une même famille gardent d'ordinaire toujours l'un pour l'autre. Dans cet ordre de parenté, les sentiments qui vont s'établir entre les nouveaux parents seront produits par les impressions ! Or, toute pensée d'un mariage possible étant ôtée, les impressions auront des bornes ! mais si ce frein est enlevé ? si le frère peut cesser de considérer la femme de son frère comme sacrée à jamais pour lui, si le mari peut s'accoutumer à la même pensée à l'égard de la sœur de sa femme, la femme à l'égard du frère de son mari ? Il est permis de craindre pour le repos, pour la sûreté des familles... Il est permis de craindre que cette *possibilité* de mariage dans des cas graves, apparaisse à des imaginations fascinées et chancelantes comme une certitude de mariage, et achève une séduction commencée ; il est permis de craindre que ce qu'on a pensé devoir arrêter le mal, n'en devienne précisément l'occasion... La loi existe, il faut l'admettre ; mais il est permis d'aimer mieux et de regretter celle qu'elle a remplacée. *Qui duxerit uxorem fratris sui, rem facit illicitam... Turpitudinem uxoris fratris tui non revelabis, quia turpitudo fratris tui est*, portait la loi du Lévitique. (Chap. 20, V. 16.) A Rome, une loi de l'empereur Constance, confirmée par Valentinien et Théodose, avait aussi défendu ces mariages comme incestueux.

CHAPITRE II.

Des formalités relatives à la célébration du mariage.

Le mariage n'étant pas simplement un acte particulier aux deux époux qui le contractent, mais en outre un acte qui soumet les conjoints à de grandes obligations envers la société, de même que par une juste réciprocité, la société est tenue de certaines obligations envers les époux ; il fallait, pour l'accomplissement de ces obligations réciproques, que cet acte fût contracté à la face de la société, afin qu'elle pût connaître ceux qui vont être tenus envers elle, ceux qu'elle devra placer sous sa sauve-garde.

Pour arriver à ce résultat, la loi a environné le mariage de formalités, avant et à l'instant de sa célébration ; elle en a fait un acte solennel.

Le mariage doit être précédé de deux publications faites à huit jours d'intervalle, à la municipalité du lieu où chacune des parties contractantes a son domicile ; et si l'établissement de ce domicile n'est pas encore suivi d'une résidence continue de plus de six mois dans la commune où il a été fixé, ou si les futurs époux résident depuis six mois dans une commune distincte de celle où ils ont leur domicile, les publications doivent être faites, en outre, au premier cas, dans le lieu du dernier domicile, et au second, dans celui de la résidence actuelle. Enfin, si les parties contractantes, ou l'une d'elles, sont dans cet âge, où elles ne peuvent par elles-mêmes consentir au mariage, les publications doivent également être faites au domicile des personnes dont le consentement leur est nécessaire, quand bien même ce domicile serait à l'étranger ; et si l'un des futurs époux est mineur, au lieu où il avait son domicile, lorsque la tutelle s'est ouverte.

Cependant, le Code a encore consacré un droit de dispense à l'égard de l'une des deux publications, pour des causes graves ; par la raison que la loi ne pouvant se plier à toutes les circonstances, il fallait une main qui pût l'assouplir. Cette main est celle du roi. Mais comme, si le chef de l'Etat, seul, eût été investi du droit de délivrer des dispenses, elles n'auraient pu être obtenues que par une classe de citoyens, tandis que cependant elles sont nécessaires partout où il y a urgence ; il a été établi que ce pouvoir pourrait se déléguer.

La loi veut encore que la célébration du mariage soit précédée de la production des titres constatant que ses prescriptions relatives à l'état civil, à l'âge des époux, au consentement des parents, aux publications dans les divers domiciles, sont accomplies. Il fallait que l'officier de l'état civil sur lequel l'inobservation de ces formalités appellent une sanction pénale, eût un moyen efficace, pour s'engarantir, en pouvant s'assurer que les désirs de la loi sont remplis.

Le mariage doit être célébré devant l'officier de l'état civil du domicile de l'une des parties. La loi ne pouvait permettre de s'adresser à un officier quelconque de l'état civil, sans détruire l'effet de ses dispositions relatives à la publicité et à la légalité des mariages. La déclaration de 1639 et l'édit de 1697 ordonnaient de même que les mariages ne pouvaient être célébrés que devant *le propre curé des parties;* or, comme les officiers de l'état civil tiennent aujourd'hui la place des curés, par rapport à la formation du contrat civil du mariage ; on leur a appliqué ces dispositions. L'art. 74 du Code dispose que le domicile, quant au mariage, s'établit par six mois d'habitation continue dans la même commune. Mais en s'exprimant ainsi, le législateur n'a pas voulu enlever aux futurs époux le droit de contracter mariage dans le lieu de leur domicile général. Seulement, en faveur du mariage, il leur a accordé la faculté de se marier dans le lieu de leur résidence. L'extension donnée à un droit ne saurait détruire le principe de ce droit lui-même. C'est, du reste, ainsi que, sur ce point, la loi du 27 septembre 1792, reproduite par le Code, avait été interprétée par un décret du 22 germinal an II.

La célébration du mariage doit être publique. *Rien ne doit être caché dans un acte où la société, à certains égards, est partie, et qui donne une nouvelle famille à la cité.* Elle doit avoir lieu à la maison commune. Indépendamment,

de ce qu'il y a de beau à voir tous les enfants d'une même patrie se soumettre, à venir, dans l'acte le plus solennel de leur vie, saluer le lieu où ils ont reçu le plus noble de tous les titres, le titre de citoyen! qui ne voit, combien cette formalité est constitutive de la publicité parfaite pour le mariage ? Le projet du Code contenait une disposition par laquelle les sous-préfets pouvaient, dans certains cas, autoriser l'officier de l'état civil à se transporter au domicile des parties pour recevoir leur déclaration, et célébrer le mariage. Mais cette disposition, *provisoirement retranchée*, ne fut plus discutée. Seulement, ce qui, dans le doute, aurait dû fixer la jurisprudence, si toutefois le doute est possible avec les termes de l'art. 75, M. Portalis, exposant au corps législatif le titre du mariage, dit positivement que la célébration du mariage *devait être faite dans la maison commune*. Cependant rien n'est plus ordinaire (cela même arrive au point de paraître admis en jurisprudence), que de voir les officiers de l'état civil déroger à cette prescription. Encore, si ces dérogations n'avaient lieu qu'en présence *d'empêchements* invincibles, certains cas pourraient les commander et les rendre même légales. Mais en est-il bien ainsi? Ces dérogations ne sont-elles pas au contraire de pures faveurs? Ce qui le prouve, c'est qu'elles n'ont lieu jamais que pour l'une des conditions sociales. Or, en outre du danger qu'il y a à déplacer ainsi les titres d'état des citoyens, en se faisant dispensateur de priviléges, les officiers de l'état civil transgressent la loi qui repousse les priviléges. Dans l'ancien droit, les formalités relatives à la publicité et à la célébration des mariages, avaient été réglées par l'art. 40 de l'ordonnance de Henri III, rendue aux états de Blois, et ainsi conçue : « Avons ordonné que nos
» sujets ne pourront valablement contracter mariage sans

» proclamations précédentes... Après lesquels bans seront
» épousés publiquement ; et pour témoigner de la forme,
» y assisteront quatre témoins dignes de foi, dont sera re-
» gistre. » Cette disposition fut confirmée par un édit
d'Henri IV, de 1606, par un autre édit de Louis XIII,
de 1639, et enfin par l'édit de 1697.

La faculté du mariage ne pouvait être circonscrite par
le territoire. « *Partout*, a dit Montesquieu, *où il se trouve*
» *une place où deux personnes peuvent vivre commodément,*
» *il se forme un mariage.* » La loi accorde au Français le
droit d'user de la faculté du mariage, à son gré, en pays
étranger ; et alors, suivant une maxime généralement établie, la forme du contrat est régie par les lois du pays où
il est accompli, sans que, cependant, l'application de cette
maxime soit rigoureuse à ce point que, même en pays
étranger, un mariage ne puisse jamais être célébré devant
un agent diplomatique français, lorsque les deux parties
contractantes sont Françaises. Toutefois, comme le Français,
même en pays étranger, ne peut se soustraire aux lois qui
régissent sa capacité personnelle, il doit faire précéder le
mariage qu'il veut contracter, de publications, en France,
et son mariage ne sera valable qu'autant qu'il n'aura pas
eu lieu, en contravention des dispositions de la loi française
relatives aux qualités et aux conditions requises pour qu'un
mariage puisse être contracté. De plus, la loi veut que,
dans les trois mois qui suivront son retour en France, le
Français *fasse hommage à sa patrie du titre qui a changé
son état, et qu'il naturalise ce titre en le faisant inscrire au
registre national.* Ce ne sera qu'à partir du jour de cette
inscription (car le délai de trois mois n'est pas fatal), que
ce mariage engendrera des effets civils.

Comme les lois qui, parmi nous, règlent les formalités

des mariages, sont des lois d'ordre public, auxquelles nul de ceux qui habitent le territoire ne peut se soustraire, il s'en suit que les étrangers résidant en France, sont, à l'égard du mariage, soumis aux lois françaises.

CHAPITRE III.

Des oppositions au Mariage.

Il est plus expédient de prévenir le mal qu'il n'est facile de le réparer. Cette vérité toujours utile, le devenait surtout dans une matière où l'inexécution des conditions et des formalités sagement prescrites, peut entraîner de si fatales conséquences. Aussi, le souvenir de l'abus, que dans d'autres temps, les préjugés de l'orgueil avaient fait faire des oppositions, n'a pu déterminer à les proscrire. Seulement, la loi a rendu le retour de l'abus impossible en limitant, avec soin, le nombre des personnes auxquelles doit appartenir le droit de former les oppositions ; et les occurrences où ce droit peut être exercé.

Et d'abord, il est de toute justice que chacun ait la faculté de faire valoir ses propres intérêts ! Aussi, toute personne engagée par mariage peut s'opposer à la seconde union méditée par son conjoint, défendre son titre, et réclamer l'exécution de la foi promise.

D'une autre part, les parents doivent non-seulement élever et nourrir leurs enfants; leurs obligations ne s'arrêtent pas là ; la vie qu'ils leur auraient donnée et qu'ils leur auraient conservée serait pour eux un funeste présent, s'ils ne prenaient soin de guider leur cœur et d'éclairer leurs penchants. Par une conséquence nécessaire, le droit d'opposition devait leur appartenir ; la loi le leur accorde absolu et sans contrôle. *La conscience d'un bon père est un asile qu'il ne fallait pas indiscrètement forcer....*

Les parents peuvent exercer ce droit après même que la majorité du mariage a été atteinte par les enfants. *Si l'autorité des pères finit, leur amour, leur sollicitude, ne finissent pas.*

Toutefois, les parents jouissent graduellement et non concurremment du droit d'opposition, le père d'abord, à son défaut la mère ; à défaut de la mère, le droit d'opposition se partage entre les aïeuls et aïeules qui en jouissent par concurrence, avec cette restriction cependant que les aïeules ne sont admises à l'exercer qu'à défaut d'aïeuls dans la ligne à laquelle elles appartiennent. A défaut d'aïeuls et d'aïeules le droit d'opposition passe aux bisaïeuls et bisaïeules.

L'opposition des ascendants doit, il est vrai, être reçue indéfiniment, mais elle ne devient cependant un obstacle au mariage, et ne peut être maintenue par les tribunaux, que lorsqu'elle est fondée sur un empêchement légal, sur une des causes qui le rendraient nul. Une opposition, sans cela, ne serait pourtant pas tout-à-fait inefficace, elle donnerait, à l'ascendant qui la formerait, *le moyen de gagner du temps et de ramener, par des conseils salutaires, l'enfant qui voudrait contracter un mariage inconsidéré.* Du reste, cette restriction qui ne frappe que sur les effets de l'opposition ne diminue en rien le droit de l'exercer ; car, les oppositions des ascendants ne fussent-elles pas fondées, cette circonstance n'a aucune influence à leur égard et ne les expose à aucune réparation. *Les pères et mères et les aïeuls sont toujours magistrats dans leurs familles. Leur tendresse présumée écarte d'eux tout soupçon de mauvaise foi, elle fait excuser leur erreur.*

Les collatéraux ne pouvaient inspirer la même confiance que les ascendants ; la loi a limité pour eux le droit d'opposition au degré de cousin-germain et a statué que ce droit ne serait exercé que dans deux occurrences : lorsqu'on aurait négligé d'assembler le conseil de famille requis par l'article 160, pour le mariage des mineurs qui auraient perdu leurs père et mère et autres ascendants ; en second lieu, lorsqu'on alléguerait la démence du futur conjoint. Pour que cette cause ne devînt pas une arme dangereuse dans les mains des collatéraux, il fut expliqué au conseil d'état, que celui contre lequel serait formée l'opposition, aurait la liberté de se pourvoir en main-levée, et que le juge, après avoir examiné le prévenu de démence, pourrait rejeter l'opposition dans le cas où il la trouverait mal fondée. D'ailleurs, la loi ne laisse aucun doute à cet égard, en disant : *le tribunal pourra prononcer main-levée pure et simple* ; et multipliant les précautions, la loi ajoute : l'opposition ne sera jamais reçue qu'à la charge par l'opposant de provoquer l'interdiction et d'y faire statuer dans le délai fixé par le jugement. De cette manière, dans le cas même où l'allégation de démence mérite d'être examinée, le mariage ne peut pas davantage être indéfiniment différé. Car la loi détermine encore un bref délai pendant lequel les décisions devront intervenir. Dans les dix jours de la demande en main-levée, le tribunal devra s'occuper de cette demande et statuer au moins préparatoirement, s'il n'est pas possible de juger de suite au fond. Il en sera de même, s'il y a appel du jugement, et comme pour ce cas, la loi ne contient aucune exception à cette règle générale que l'appel arrête l'exécution, cet appel sera suspensif. Mais le pourvoi formé contre l'arrêt obtenu sur l'appel serait-il suspensif aussi ? La loi ne s'explique pas, et son silence a fait juger la négative. Toutefois, s'il est permis, comme le dit M. Troplong, de préférer des raisons à des arrêts, toutes les raisons d'analogie, d'utilité, d'ordre, de saine morale sont en faveur de l'opinion contraire. Il va de soi, du reste, que le droit d'opposition accordé aux collatéraux désignés par l'article 175, ne peut être exercé par eux, que du chef de la partie avec laquelle ils sont liés de parenté.

L'acte d'opposition doit contenir élection de domicile de la part de l'opposant, dans le lieu où le mariage doit être célébré, afin que la haine et l'intrigue ne puissent retarder le mariage en obligeant les parties à aller chercher l'opposant à des distances éloignées.

L'opposition doit être motivée : afin qu'il soit facile aux parties de connaître les moyens à l'aide desquels, elles en pourront démontrer le mal fondé. Enfin la loi garantit l'observation de ces conditions qu'elle impose aux collatéraux qui veulent se rendre opposants, en prononçant la peine de l'interdiction contre l'officier ministériel qui signerait un acte d'opposition dans lequel ces conditions ne seraient pas observées.

En dernier lieu, comme une opposition mal fondée peut mettre obstacle à une union sortable et légitime, et qu'alors il y a un grave préjudice causé, et que tout préjudice exige réparation ; celui-ci devra être réparé par l'opposant, encore que de sa part, il n'y ait eu qu'erreur. *Entre celui qui se trompe, et celui qui souffre, il n'y a pas à balancer.*

CHAPITRE IV.

Des Demandes en nullité de Mariage

La loi ayant assujetti le mariage à des conditions et à des formes, l'oubli de ces conditions, la violation de ces formes devaient produire des nullités. L'objet des nullités étant de rétablir l'ordre blessé par les lois, elles devaient avoir autant de causes différentes qu'il avait été, d'autre part, établi d'empêchements et de formes essentielles.

Cependant un mariage célébré malgré l'existence d'un empêchement établi par la loi, n'est pas toujours frappé de nullité ; car les empêchements de mariage sont dirimants ou simplement prohibitifs. Les premiers entraînent la nullité absolue du mariage : les seconds imposent à l'officier de l'état civil le devoir de ne point procéder à la célébration du mariage et donnent à certaines personnes le droit d'y former opposition.

Les empêchements dirimants de l'ancien droit sont énumérés dans ces vers bien connus :

> Error, conditio, votum, cognatio, crimen,
> Cultus disparitas, vis, ordo, ligamen, honestas,
> Si sis affinis ; si forte coire nequibis ;
> Si parochi et duplicis desit præsentia testis ;
> Raptave sit mulier, nec parti reddita tutæ,
> Hæc facienda vetant connubia, facta retractant.

Les lois postérieures à 1780, la constitution des 3 — 14 septembre 1791, les décrets du 17 septembre 1792, des 19, 20 juillet, 12 août et 17 septembre 1793, ont levé la plupart de ces empêchements. Ainsi, l'empêchement qu'engendrait autrefois l'engagement dans les ordres sacrés a été détruit, sans qu'aucune loi, ni le concordat, l'aient rétabli comme tel. Le Code n'en fait pas mention non plus ; mais son esprit à cet égard ressort assez de ces paroles de M. Portalis au corps législatif : *Pour les ministres que nous conservons et à qui le célibat est ordonné par les réglements ecclésiastiques, la défense qui leur est faite du mariage par ces réglements n'est pas consacrée comme empêchement dirimant dans l'ordre civil.*

La loi n'ouvre donc aucune action en nullité à raison de la violation de la défense établie par la loi religieuse. Toutefois, s'il est impossible d'échapper à cette conséquence, il faut du moins admettre que l'engagement dans les ordres sacrés constitue un empêchement prohibitif de mariage. Cela résulte en effet, de plusieurs lettres écrites, par M. Portalis, alors qu'il était ministre des cultes en 1806 et 1807, en vertu d'une décision orale de l'empereur. Cela résulte encore de la loi du 18 germinal an X qui, dans son art. 6, range au cas d'appel comme d'abus l'infraction des règles consacrées par les canons reçus en France. Cela résulte en outre de l'esprit de la législation actuellement existante; car les officiers de l'état civil et les tribunaux ne pourraient donner la main au mariage d'un prêtre sans froisser la religion catholique dans un acte extérieur de son culte, dans un acte qu'elle a le droit d'accomplir, et sans violer dès lors les dispositions qui garantissent le libre exercice de ce culte. En effet, le prêtre, lors de son ordination, prend l'engagement formel et publique de ne *jamais* contracter mariage, et ce n'est qu'en vertu de cet engagement que l'Eglise, représentée par l'évêque, lui confère le caractère sacerdotal. Or, toute la question se résout à examiner si la convention passée entre l'évêque et le prêtre est obligatoire aux yeux de la loi civile? La négative est impossible à admettre en présence de la loi du 18 germinal an X qui érige le concordat en loi de l'Etat ; en présence de la charte de 1814, de celle de 1830, qui déclare encore la religion catholique, religion de la majorité des Français, et qui, par là, ne répute certes pas, prohibés et illégaux, les actes nécessaires à l'exercice de cette religion, principalement l'engagement, que lors de son ordination, le prêtre contracte libre et majeur, à la face et avec cette société tout entière dont la majorité, qui est catholique, est en ce moment représentée par l'évêque. Il faut admettre que cette obligation que contracte le prêtre est légale et permise, ou bien il faut aller jusqu'à dire que l'exercice du culte catholique n'est ni légal ni permis. Si cela est absurde, il faut donc reconnaître que l'engagement contracté par le prêtre est obligatoire pour lui, même civilement, aux termes de l'article 1134 du Code civile.

Mais en serait-il à l'égard des religieux et religieuses engagés par des vœux perpétuels, ainsi, qu'à l'égard du prêtre? Il existe entre ces vœux, une grande différence qui peut faire varier la solution. Le vœu du prêtre est sanctionné et garanti par la loi, les autres sont abandonnés à la conscience de ceux qui les forment, la société n'en tient aucun compte, la loi ne les envisage nullement; un décret du 3 messidor an XII ordonne même à leur égard, l'exécution de la loi du 13 février 1790 qui les défendait. Toutefois, une loi du 18 février 1809, ayant autorisé les congrégations hospitalières de femmes, et ayant permis aux novices de s'engager, lors de leur majorité, par des vœux de cinq ans, en présence de l'officier de l'état civil ; ces vœux ainsi reconnus par la loi, doivent être, jusqu'à l'expiration des cinq années, un empêchement de mariage pour les femmes qui les ont formés.

Le Code civil n'a pas mentionné la disparité du culte, non plus que l'impuissance, parmi les causes qui autorisent à demander la nullité du mariage.

L'ancien empêchement, fondé sur la disparité du culte, a été levé par cette considération : *qu'il faut souffrir tout ce que la Providence souffre, que la loi ne pouvant forcer les opinions religieuses des citoyens, ne doit voir que des Français comme la nature ne voit que des hommes.*

Quant à l'empêchement fondé sur l'impuissance des époux, les bonnes mœurs eurent bien souvent à gémir des débats scandaleux auxquels il donnaient cours. Les anciens recueils témoignent de l'immoralité de ces discussions. Le Code civil n'a pas admis cette doctrine ; l'honnêteté publique applaudit à cette réserve du législateur qui a fait cesser un scandale d'autant plus révoltant, que la grande difficulté de la preuve, le rendait d'ordinaire sans effet.

Enfin, le rapt ne vicie plus également par lui-même le consentement que donne la personne ravie après avoir recouvré sa pleine liberté.

D'après la législation du Code, les empêchements dirimants de mariage résultent de l'une ou de l'autre des conditions suivantes :

Les époux doivent avoir atteint l'âge requis ;

Ils doivent être libres de tout lien conjugal antérieur ;

Ils ne doivent être ni parents ni alliés entre eux, aux degrés auxquels la loi prohibe le mariage ;

Ils doivent donner un libre consentement au mariage ;

Ils doivent être autorisés par les personnes sous l'autorité desquels ils sont, relativement au mariage.

D'une autre part, les empêchements simplement prohibitifs sont contenus dans les articles 348, 228, 159, 151.

Les conditions dont l'oubli ou l'omission emporte nullité de mariage n'étant pas exigées pour la même fin, les différentes nullités ne pouvaient être soumises aux mêmes règles. Les unes, parmi ces conditions, ont en vue l'ordre public, les autres l'intérêt des parties; le Code applique à chacune, les règles qu'elles comportent. Mais les idées générales qui y dominent sont : qu'il n'y a pas de nullités absolument irréparables, hormis celles où le mariage devient un crime ; — que l'attaque en nullité ne peut pas être également dirigée en tout état de choses, ni par tous, mais qu'elle est proportionnée à l'importance des droits violés, à la nature de l'infraction, au temps ou aux circonstances qui ont pu la couvrir, à la protection due aux intérêts lésés ; — que, dans tous les cas, la bonne foi conserve au mariage annulé tous ses effets civils, du moins en faveur de l'époux qui a été dans la bonne foi et en faveur des enfants.

L'art. 146 porte : il n'y a pas de mariage s'il n'y a pas de consentement. D'après cette disposition, il n'était pas besoin d'organiser pour le cas de cet article, des actions à intenter, car il n'y a rien à dire sur la non-existence d'un contrat, il n'y a pas de théorie possible sur le néant, *nihili nullæ sunt proprietates :* mais il devait en être tout autrement pour le cas de l'article 180. Alors, en effet, il y a consentement ; consentement, donné il est vrai, sans une liberté suffisante, mais auquel on a été déterminé néanmoins par un acte réfléchi de sa volonté, parce qu'on a mieux aimé céder que de s'exposer à ce dont on était menacé. Or, *qui mavult vult ; coacta voluntas, voluntas est ; volut quia coactus fuit,* L. 21, § 5, *D. (quod met.)* Il y a donc consentement, et par conséquent contrat; mais, avec ce consentement donné, concourait une volonté contraire; il n'est donc pas parfait. *Nihil tam contrarium consensui quam vis et metus.* L. 116. D. *(de reg. jur.)* Le contrat auquel il a donné lieu n'est donc point parfait non plus, il est attaquable, peut être cassé; il fallait dès lors que la loi organisât l'action ; qu'elle dît, dans quels cas, par quelles personnes, dans quel délai et dans quelles conditions, elle pourrait être intentée. Or, en premier lieu, comme le défaut de liberté est un fait dont le premier juge est la personne qui prétend n'avoir pas été libre, c'est donc à elle à dénoncer sa situation. Personne, dans une circonstance aussi intime, ne peut élever la voix, que celui qui a subi l'impression violente. L'action lui est personnelle, elle ne peut être exercée en son nom ni par ses créanciers, ni par ses héritiers, à moins qu'elle ne fût déjà introduite. *Actiones quæ morte pereunt semel inclusæ salvæ permanent.* Il en est de même dans le cas où il y a eu erreur : le mariage ne peut être attaqué que par l'époux victime de l'erreur, qu'il soit du reste majeur ou mineur, peu importe; mais cette erreur ne vicie le consentement, que dans le cas où elle frappe sur la personne physique ou civile, *lex non distinguit.* Donc, dans le premier cas, d'erreur sur la personne physique, cette erreur entraîne toujours, et par elle-même, la nullité du mariage, parce qu'elle est exclusive de tout consentement, parce qu'on ne trouve plus *duorum in idem placitum consensus*; et, il y a lieu d'appliquer l'article 146. Dans le second cas, dans le cas d'erreur sur la personne civile; si l'un des conjoints, a erronément appliqué à la personne physique qu'il a épousée, l'état civil d'une autre avec laquelle il avait l'intention de contracter mariage, cette erreur entraîne aussi d'elle-même la nullité

du mariage ; s'il est possible, que celui qui a consenti eut pu être amené à le faire en considération des qualités morales ou physiques de son conjoint, alors même qu'il eut connu son véritable état civil? il n'y a pas moins défaut de consentement ; car, comme le dit Pothier : « Il ne suffit pas, pour
» former le consentement, qu'on ait pu vouloir, il faut
» qu'on ait effectivement voulu ». De plus, dans notre état social, la personne physique et la personne civile sont étroitement unies. S'il est vrai que la seconde ne peut exister réellement sans la première, il est vrai aussi que la première ne peut exister légalement sans la seconde ; or, la loi n'admet la personne physique, au lien *légal* du mariage, qu'autant que cette personne possède un état civil qui la fait exister *légalement* à ses yeux ; ce n'est que sur cette justification, et suivant cette justification d'un état civil, que le contrat civil du mariage est constitué ; donc, si la personne physique ne fait pas cette justification, il ne peut y avoir pour elle de mariage ; ou, si cette personne physique s'attribue erronément un titre civil autre que le sien, et que sur la production de ce titre usurpé, l'officier de l'état civil procède au mariage suivant les énonciations qui y sont contenues, il n'y a pas d'identité, dès lors pas de consentement, par conséquent, pas de mariage. Mais dans notre législation, l'erreur sur les qualités de la personne peut-elle, dans certains cas, être une cause de nullité du mariage? Si l'on admettait la négative d'une manière absolue, la seconde disposition de l'article 180 n'aurait pas d'application possible. Cependant, cette disposition a été écrite dans la loi ; il n'est pas permis de croire qu'elle l'ait été en vain. Dans les cas, de substitution de personnes, que nous avons examinés ; pas d'identité, pas de consentement, pas de mariages, aux termes de l'article 146 : mais, l'erreur en fait de mariage, ne doit-elle donc être

admise qu'autant qu'elle se réalise par le concours de deux individus et en allant de l'un à l'autre? Le tribunal de cassation avait demandé, que pour faire cesser toute équivoque à cet égard, les termes du projet : *erreur sur la personne*, fussent remplacés par ceux-ci, *erreur sur l'individu*. Cette demande ne fut cependant pas admise, ce qui indique, qu'on n'a pas entendu rejeter d'une manière absolue l'idée de l'erreur se réalisant avec une seule personne en jeu et sans aller d'un individu à un autre. L'article 181 vient encore à l'appui de cette interprétation ; car, si l'on n'avait entendu admettre, que l'erreur sur l'individu, comme cette erreur exclut le consentement, et que sans consentement il n'y a pas de mariage, il eût été contradictoire, de parler dans cet article, du cas d'erreur, et de dire, que la demande en nullité du mariage fondée sur ce motif, ne sera plus recevable après six mois de cohabitation, car le néant ne peut se confirmer.

Mais quelle sera la limite de cette extension? Pour briser un contrat aussi solennel que celui du mariage, il faudra une erreur profondément grave ! Ainsi, qu'un homme, qui aura épousé une femme parce qu'il la croyait riche, noble, vertueuse, alors qu'elle n'était cependant rien moins que tout cela, prétende faire annuler son mariage? Il ne sera pas écouté... Ce sera le cas alors d'appliquer les paroles énergiques du premier consul. « TANT PIS » POUR L'HOMME... » Mais qu'une femme honnête trompée par une machination infernale, reconnaisse dans celui qu'elle a cru, qu'elle a dû croire pur et honorable, un scélérat que les lois ont flétri ? Forcera-t-on cette infortunée à vivre en mariage, avec un infâme, et l'exposera-t-on à donner le jour à des enfants que leur naissance vouera au déshonneur et au désespoir ? telle n'a pu être la volonté du législateur, telle n'est pas l'esprit de la loi. Du reste, le Code ne parle nullement de la séduction comme étant propre à vicier le consentement donné au mariage. La première rédaction faisait mention de la séduction, mais ce motif de nullité fut bientôt retranché, et le conseil d'état décida qu'il ne serait pas admis au nombre des causes propres à vicier le consentement. Le système qui aurait eu pour but de ne faire admettre l'erreur sur la personne, comme propre à vicier le consentement, qu'autant qu'elle aurait été le résultat de manœuvres frauduleuses, fut également repoussé.

La loi qui se montre facile, lorsqu'il ne s'agit que de retarder ou même d'empêcher un mariage que la raison désapprouve, devient très sévère, lorsqu'il s'agit de rompre des nœuds déjà formés; et en vérité, il n'était pas de matière où le principe de la ratification devait être plus respecté que dans celle-ci. La ratification est supposée, après six mois de cohabitation continuée depuis que l'époux a acquis sa pleine liberté, ou que l'erreur a été par lui reconnue. Sans ces deux conditions, la cohabitation ne pouvait être une preuve d'acquiescement; mais il va de soi, bien que l'article 181 n'en dise rien, qu'une confirmation expresse, faite avec pleine liberté, ou après la découverte de l'erreur, doit couvrir la violence ou l'erreur. Il n'en serait pas ainsi, de la survenance d'enfants. La proposition faite au conseil d'état d'admettre cette circonstance comme preuve de confirmation tacite, fut rejetée, par la raison qu'elle ouvrirait à la femme un moyen trop facile de paralyser l'action contre l'erreur ou la violence, par l'adultère; et parce que, pour le cas où la femme serait demanderesse, cette circonstance serait peu propre à établir une confirmation volontairement donnée; la crainte des mauvais traitements ayant pu l'obliger à cohabiter avec son mari. A défaut de cohabitation, l'approbation tacite ne saurait résulter que du silence gardé pendant trente ans par là l'époux victime de la violence ou de la fraude, sans qu'il soit possible d'exciper d'une prétendue possession d'état non acompagnée de cohabitation. Le mariage étant un contrat tout spécial régi par des dispositions expresses, ne saurait tomber sous l'application des règles touchant les conventions en général.

Les règles relatives à la nécessité du consentement des ascendants ou du conseil de famille dictaient les dispositions de l'article 182. De là, en effet, que la loi ne voyait pas de véritable volonté dans les contractants au-dessous de l'âge fixé pour le mariage, il suivait nécessairement qu'un mariage contracté sans le consentement des ascendants ou des membres du conseil de famille devait pouvoir être attaqué à la fois et par ceux-ci et par les époux eux-mêmes ; ainsi encore il suivait, que l'action devait compéter, à celui dont le consentement devait être requis d'après l'ordre établi par les articles 148, 149, 150, 158 et 160. Au père et à la mère dans le cas de l'article 148, aux aïeuls et aïeules de l'une et l'autre ligne, dans le cas de l'article 150, sans toutefois que l'une des lignes puisse l'exercer, si l'autre s'y oppose, soit qu'elle ait été consultée, soit qu'elle intervienne dans l'instance même d'appel ; et sans que les aïeules puissent agir, si elles sont privées du concours des aïeuls de la ligne à laquelle elles appartiennent. Du reste, ce droit accordé par l'article 182 est un droit purement personnel qui ne passe point aux héritiers de la personne à qui il est accordé. Dans le cas où le consentement du conseil de famille nécessaire au mariage, n'aurait cependant pas été obtenu, l'action ne pourrait évidemment s'exercer qu'au nom de ce conseil entier, encore que, depuis la célébration du mariage, ce conseil ait subi des modifications ou ait même été renouvelé. Mais si le conseil de famille avait cessé d'exister, par exemple : si l'enfant qui n'avait plus d'ascendants, s'était marié à vingt ans et demi, sans le consentement de son conseil, ou bien encore, si un enfant naturel non reconnu s'était marié avant vingt-un ans, sans le consentement d'un tuteur *ad hoc* ; dans le premier cas, le conseil de famille ne pourrait plus intenter l'action en nullité, après que l'enfant aurait atteint sa majorité ; dans le second cas, le mariage de l'enfant naturel ne pourrait plus être attaqué par la personne dont l'autorité aurait été méconnue, parce que la célébration du mariage aurait fait évanouir le tuteur *ad hoc* ; mais dans l'un comme dans l'autre cas, l'enfant aurait le droit d'attaquer le mariage qu'il aurait contracté, seul, et privé de la protection dont il avait besoin.

La loi n'accorde pas le droit de demander la nullité du mariage, aux collatéraux. Dans un seul cas, il leur est permis de se montrer. *L'intérêt d'affection et d'honneur ne peut être invoqué par eux ; ils n'ont point de magistrature domestique à exercer. Ils ne sont pas chargés du maintien de l'ordre public,* l'intérêt pécuniaire est le seul qui les fasse agir, c'est aussi le seul que la loi leur permette de faire valoir. Ils ne sont donc écoutés que quand il s'agit du partage d'une succession ouverte, et qu'ils ne contestent la réalité du mariage que pour établir les droits qui leur sont acquis. Les mêmes raisons, ont fait appliquer les mêmes principes aux enfants d'un mariage antérieur.

Toutefois, à l'égard des personnes appelées à proposer la nullité du mariage, par le motif que leur consentement n'a pas été requis ; le grand intérêt qu'il y a à ne pas troubler l'état des personnes, a fait admettre leur ratification, même tacite. Dans tous les temps, la moindre approbation des pères avait établi une fin de non-recevoir contre eux. La loi suppose cette approbation accordée, lorsqu'il s'est écoulé une année, depuis la connaissance par eux acquise, du mariage. Il fallait bien ne pas affaiblir la puissance paternelle, mais il fallait aussi ne pas prolonger indéfiniment les angoisses des époux.

Cette fin de non-recevoir de l'article 183, d'abord limitée aux ascendants, fut étendue à l'époux, sur le vœu du tribunat, par la raison, que l'époux devenu maître de sa destinée, c'est-à-dire, parvenu à l'âge compétent pour se marier et qui ne se plaint pas, ne peut plus être écouté dans des réclamations tardives, fruit de la légèreté et de l'inconstance ; que, si on admettait ces réclamations, ce serait donner à l'époux un véritable droit de répudiation.

L'article 184 dispose à l'égard de vices qui ne sont plus seulement relatifs à l'intérêt privé des époux, mais qui blessent les bonnes mœurs et l'honnêteté publique ; aussi la loi devient plus sévère. Dans les cas, de défaut d'âge, d'existence d'un premier lien, de consanguinité, ce ne sont plus seulement les époux qui peuvent attaquer des mariages entachés de semblables vices, ce sont toutes les personnes intéressées, c'est le ministère public. Et dans les expressions de *personnes intéressées*, la loi n'a pas seulement entendu placer l'idée d'un intérêt pécuniaire, mais, en outre, l'idée de l'intérêt d'affection, de direction, d'honneur, qui se rencontre dans les ascendants et dans la famille ; de l'intérêt de propriété, de mœurs, et de devoirs qu'a l'époux délaissé à venir revendiquer un nom, un titre, des droits qu'un second mariage lui enlève ; enfin, de l'intérêt pécuniaire, d'héritiers, que des enfants illégitimes privent d'une succession qui leur revient de droit.

L'action du ministère public est ici forcée ; cette disposition, marque la sévérité dont la loi a voulu user. Dans d'autres cas, en effet, elle parle du ministère public, ainsi, lorsque le mariage n'a pas été contracté avec la publicité requise, ou devant l'officier civil compétent ; mais elle ne commande plus son intervention elle ne fait que l'autoriser. Toutefois, le législateur n'a pas voulu que cette intervention fût oppressive, ni qu'elle pût dégénérer en inquisition ; elle ne peut avoir lieu que quand le vice du mariage est notoire, quand il est subsistant, ou quand une longue série d'années n'a pas mis les époux à l'abri des recherches directes du magistrat. « Il y aurait, en effet, a » dit M. Portalis, plus de scandale dans les poursuites d'un » délit obscur, ancien ou ignoré, qu'il n'y en aurait dans le » délit même. » Le scandale trouble-t-il l'ordre public ? alors, le ministère public doit s'émouvoir ; mais, tant qu'il n'y a pas de trouble, de scandale pour le public, *il doit y avoir tranquillité pour les particuliers.*

Cependant, dans le cas même où la loi déploie le plus de sévérité, elle excepte de ses rigueurs, en raison de ce principe que l'effet ne doit pas survivre à sa cause, le mariage contracté par des époux dont l'un, ou tous deux n'avaient pas à l'époque de la célébration atteint l'âge requis, pourvu qu'il se soit écoulé un délai de six mois après que ces époux ont obtenu cet âge ; et encore, si la femme qui n'avait point cet âge, a conçu avant l'échéance de ce même délai de six mois. Il n'est plus permis alors d'attaquer un mariage, confirmé par la volonté des parties, dans un âge où elles ont la capacité nécessaire, ou dont la nature elle-même a pris soin de constater la légitimité. Toutefois, l'article 185 n'admet l'exception pour cause de grossesse de la femme, que dans le cas où c'est la femme qui, au moment du mariage, n'avait pas atteint l'âge compétent, l'exception serait d'une dangereuse conséquence, si la grossesse de la femme pouvait couvrir l'impuberté du mari, elle ouvrirait le moyen de maintenir par un crime un mariage déjà criminel.

Par une conséquence sensible, les parents ne peuvent, dans ces cas, pas plus attaquer le mariage, que les époux eux-mêmes. En effet, ils ont donné leur consentement ; or, il ne faut pas après cela, qu'ils puissent se jouer du mariage ; c'est déjà trop, qu'ils se soient joués des lois.

L'époux au préjudice duquel a été contracté un second mariage peut en demander la nullité du vivant même de l'époux qui était engagé avec lui. Par réciprocité, si l'époux délaissé peut attaquer le second mariage ; ceux qui l'ont contracté peuvent aussi arguer le premier de nullité : et cette question de validité du premier mariage sera celle sur laquelle les tribunaux devront d'abord statuer, car un premier mariage non valable ne pourrait légalement motiver l'annulation d'un second.

Le mariage, quant à sa forme extérieure et indépendamment des solennités relatives à la manifestation du consentement des parties contractantes, doit être célébré publiquement, et en présence de l'officier de l'état civil compétent qui y met la sanction de la loi. A l'égard de la publicité, la loi prescrit plusieurs formalités qui tendent à l'assurer. Ce sont les publications, la célébration dans la maison commune, l'admission du public à cette célébration, la présence de quatre témoins ; ainsi que cela résulte des articles 74, 75, 165. Cependant toutes ces formalités ne sont pas également essentielles. Ceci résulte de cette circonstance : lors de la discussion au conseil d'état, la commission avait proposé un article ainsi conçu : *la loi ne reconnaît que le mariage contracté conformément à ce qu'elle prescrit* : cet article fut supprimé. Il suit de là que la loi reconnaît des mariages qui ne sont pas contractés conformément à tout ce qu'elle prescrit, que l'inobservation de telle ou telle de ses formalités, ne suffit pas, pour entacher le mariage, si d'ailleurs l'accomplissement des autres en a assuré la publicité. En effet, à l'égard des publications, la loi se borne à prononcer une amende contre l'officier de l'état civil, contre les parties contractantes, ou contre les personnes sous l'autorité desquelles elles ont agi ; d'où, on est amené à conclure, que l'absence de publication seule ne suffirait pas pour faire annuler un mariage célébré d'ailleurs publiquement. « L'omission des publications, a » dit M. Portalis, l'inobservation des délais dans lesquels » elles doivent être faites, peuvent opérer la nullité du ma- » riage dans certains cas ». Elles ne l'opèrent donc pas toujours. Cela a été, du reste, formellement reconnu au conseil d'état, et c'est dans cet esprit qu'a été rédigé l'art. 191, qui détermine les seuls cas auxquels le mariage peut être attaqué pour vice de formes. Cet article, rapproché de l'art. 165, démontre que le législateur ne s'est occupé que de la sanction des formalités qui accompagnent la célébration du mariage, et non de celle, des formalités qui la précèdent. Du reste, l'incompétence dont parle l'article 191 ne doit s'entendre que de l'incompétence personnelle, et non de l'incompétence territoriale, et cette incompétence personnelle n'entraînerait même pas nécessairement la nullité du mariage.

Mais il n'en serait pas ainsi dans le cas où un mariage n'aurait pas été célébré devant l'officier de l'état civil. C'est là un vice que rien ne peut couvrir. « Ce vice est le plus grand de tous, a dit M. Portalis ; avec lui, il n'y a pas » de mariage ». La présence de l'officier de l'état civil, est, dans notre législation, la solennité constitutive du mariage ; c'est la *forma quæ dat esse rei*. La conséquence de ce principe est que nul ne peut réclamer le titre d'époux et les effets civils du mariage, s'il ne représente un acte de célébration inscrit sur les registres publics; et, que la possession d'état, ne peut dispenser les prétendus époux qui l'invoquent de la représentation du titre sur lequel elle a été basée; à moins cependant que ce titre eût été supprimé, détruit, rendu illisible, ou qu'il n'eût pas été rédigé, par suite d'interruption de la tenue des registres. Dans ces cas, la présentation du titre peut être suppléée par la preuve de la célébration, faite par témoins; elle peut être suppléée encore, lorsque la preuve de la célébration est acquise au moyen d'une procédure criminelle : car il a pu y avoir fraude ou négligence de la part de l'officier de l'état civil; fraude, de la part de toute autre personne; et la preuve juridiquement obtenue de cette fraude, remplace la preuve qu'on aurait pu tirer des registres; elle supplée complètement l'acte. La preuve d'un titre, en effet, n'est pas un titre nouveau, ce n'est que la déclaration d'un titre préexistant dont les effets doivent remonter à l'époque déterminée par sa date. Mais si des époux prétendaient et offraient de prouver que leur mariage a été célébré, mais que l'officier de l'état civil n'a pas eu le soin d'en dresser acte, et si le registre de l'état civil ne présentait d'ailleurs aucun blanc, aucune interruption à l'époque indiquée, ils ne pourraient être écoutés; parce qu'ils ne se trouveraient plus dans les cas favorables des art. 46 et 198 : ils ne seraient pas admis à la preuve; c'était à eux de veiller à ce que leur titre fût rédigé : *Vigilantibus jura subveniunt, non dormientibus.*

Comme il pouvait se faire, que les époux décédassent sans que la fraude fût découverte, l'article 199 dispose que cet évènement ne prive pas les enfants issus du mariage, des moyens d'établir leur état. Il y a eu un délit, la faculté d'en poursuivre la punition ne peut s'éteindre que par la mort du coupable, et non par celle des victimes. Du reste en disant : *Si les époux ou l'un d'eux sont décédés avant d'avoir découvert la fraude, l'action criminelle peut être intentée par tous ceux qui ont intérêt à faire déclarer le mariage valable, et par le procureur du roi.* La loi n'a pas entendu limiter l'effet de la disposition au cas où *la fraude n'est découverte qu'après la mort des époux;* la loi a rappelé seulement le cas où la disposition sera le plus souvent appliquée : *statuit de eo quod plerumque fit,* sans exclure pour cela le cas où les époux auront connu la fraude et auront négligé de poursuivre l'officier qui s'en serait rendu coupable.

Enfin, il est bien vrai que la mort du coupable éteint l'action criminelle; mais si la vindicte publique n'a plus de prise, l'intérêt particulier pouvant n'être pas satisfait, la loi lui accorde un recours civil. Toutefois, afin d'empêcher toute connivence entre les héritiers poursuivis et les individus qui voudraient se procurer la preuve de la célébration d'un mariage supposé, l'article 200 confie dans ce cas, au procureur du roi, le soin de poursuivre l'action en présence des parties.

Il est donc du principe qu'en fait de mariage, la possession sans titre ne peut garantir aucun droit : mais par une juste réciprocité, le titre avec la possession est inattaquable; du moins, pour les époux.

L'ancienne jurisprudence admettait que la possession d'état des époux devait, après leur mort, profiter à leurs enfants, et que l'état de ces enfants était assez établi par leur acte de naissance appuyé de cette possession. Les raisons qui ne permettent pas aux père et mère de se prévaloir de la possession d'état d'époux ne sauraient en effet s'appliquer aux enfants. Comment exiger qu'ils représentent des titres antérieurs à leur naissance? La loi ne pouvait les condamner au désespoir : ils ont un acte de naissance sur la foi duquel ils ont toujours existé ! Toute faveur leur appartient. Aussi, la loi décide-t-elle à leur égard, que s'ils sont issus de deux individus qui ont eu en leur faveur possession d'état d'époux, et que ces deux individus soient *décédés* (Il ne faudrait cependant pas prendre ce terme comme étant exclusif de toute extension); leur légitimité ne pourra être contestée *par le seul prétexte de défaut de présentation de l'acte de mariage*, pourvu qu'elle ne soit pas *contredite* par leur acte de naissance. Il ne sera même pas nécessaire que l'acte de naissance qualifie l'enfant de *légitime*, il suffira qu'il ne le qualifie pas de *naturel*.

Si régulièrement le mariage légitime et véritable peut seul faire de véritables époux et produire des enfants légitimes; néanmoins la loi qui n'est que l'interprète de l'équité considère la bonne foi des époux, et par la faveur qu'elle est toujours disposée à accorder aux enfants, elle admet qu'un mariage contracté dans l'ignorance des causes qui s'opposaient à sa célébration et le rendaient nul, produit cependant les effets civils tant à l'égard des époux qu'à l'égard des enfants.

Mais cette disposition peut-elle s'appliquer aux mariages qui ne possèdent pas les caractères essentiels d'existence ou bien n'a-t-elle été établie qu'en faveur des mariages simplement entachés de nullité? C'est là une question excessivement controversée. Il semble cependant que la toute-puissance qu'a eue le législateur doit faire interpréter largement sa pensée bienfaisante.

Du reste, la seule condition que la loi exige pour qu'un

mariage nul soit regardé comme *putatif* et produise les effets civils, c'est l'ignorance des vices qui en ont entraîné l'annulation. Cette ignorance constitue la bonne foi, et il importe peu que cette bonne foi, qui doit avoir existé au moment de la célébration du mariage, soit le résultat d'une erreur de fait ou d'une erreur de droit; la loi ne distingue pas. Seulement, dans le cas d'une erreur de droit la présomption serait contraire aux époux : *nemo jus ignorare censetur*. Dans le cas contraire, la présomption leur serait favorable : car nul n'est censé avoir voulu solennement contrevenir à la loi.

Si un seul des conjoints a été de bonne foi? A lui seul appartient la faveur de la loi. Toutefois les enfants obtiennent aussi cette faveur ; et cela, par une conséquence de l'esprit ordinaire de la loi à leur égard ; et par cette autre considération encore, que l'état des hommes est indivisible.

CHAPITRE V.

Des obligations qui naissent du Mariage.

Le principal effet du mariage est de donner la vie à des enfants, c'est-à-dire à des êtres environnés de mille besoins. *Les enfants des hommes, dit Montesquieu, ont de la raison, mais elle ne leur vient que par degrés. Aussi ne suffit-il pas de les nourrir, il faut encore les diriger. Déjà ils pourraient vivre, ils ne peuvent encore se gouverner.* La loi a sanctionné ces obligations des époux : par le fait du mariage ils sont obligés à nourrir, *entretenir et élever leurs enfants*. Ces expressions de la loi résument les devoirs des père et mère : elles comprennent le bien-être physique, l'avantage moral des enfants. La première obligation est absolue et indéfinie ; il est impossible de concevoir des circonstances qui dispensent un père de fournir la subsistance à un fils dans le besoin : la mort civile même n'éteindrait pas cette obligation ; les lois de la nature sont plus puissantes que les lois humaines. Toutefois, le législateur n'a pu assujettir cette obligation à une règle générale, ni déterminer d'une manière précise qu'elle devra être son étendue dans tous les cas. Dans le cas d'insuffisance de ressources personnelles, l'accomplissement de ce devoir est impossible ; la modicité de ces mêmes ressources, ne permet d'y satisfaire que d'une manière incomplète. Cette appréciation est laissée au pouvoir du juge, aussi bien que l'appréciation des circonstances, où, sans nuire aux enfants, il peut être permis de faciliter les pères en les autorisant à fournir à leurs enfants, au lieu d'une pension alimentaire, des secours en nature. Le juge devra savoir faire toutes les distinctions, qui, par la nécessité du fait, modifient le droit, ou le rendent impossible à accomplir. Sans doute, dans cette appréciation, sa conviction pourra être plus d'une fois indécise ; tout, en effet, sera simulation, entre des êtres qui ne craignant pas de mépriser les lois de la nature, craindront encore moins de tromper la justice ? l'un exagèrera ses besoins ; l'autre sa détresse. Mais le juge aura pour se diriger, dans ce révoltant conflit, ce tact si parfait, ce sens si droit qui n'abandonnent jamais le magistrat vertueux. Du reste, l'obligation des pères est commune à tous les ascendants : l'équité naturelle le voulait ainsi ; aussi, le texte de la loi n'est-il pas exclusif ; il n'exprime aucune limitation ; si une mention expresse n'a pas été faite à cet égard, bien qu'elle ait été réclamée au sein du conseil d'état ; c'est que le contexte de l'article 203 ne sembla pas le comporter. Aussi, malgré le silence de la loi, la proposition qui a été faite, et la réponse qui a été donnée lors de sa rédaction, confirment dans notre législation nouvelle, la jurisprudence constante qui étendait anciennement l'obligation aux ascendants.

Mais si la nature veut que les père et mère nourrissent leurs enfants, elle fait un devoir aussi aux enfants de nourrir leurs père et mère. A Athènes, les enfants étaient dispensés de fournir des aliments à leurs père et mère, lorsque ceux-ci ne leur avaient pas donné le moyen de subvenir à leurs propres besoins. Montesquieu fait remarquer que cette disposition n'était pas une conséquence du droit naturel, mais un simple règlement civil. Nos lois ont consacré le principe contraire, plus conforme à la nature et à l'honneur. Nul doute que chez nous, qu'elle qu'ait pu être la manière de faire des père et mère à l'égard de leurs enfants, ceux-ci soient tenus néanmoins de leur venir en aide dans leurs besoins. Ce n'est pas en effet, ce qu'un enfant peut avoir reçu de ses père et mère qui est la cause d'où naît pour lui l'obligation de leur fournir des aliments. Sa qualité d'enfant, l'état d'indigence de ses père et mère, voilà ce qui produit cette obligation : car le précepte de la loi divine est écrit dans nos Codes. *L'enfant à tout âge doit honneur et respect à ses père et mère!* Ces paroles sont le résumé de tous les devoirs filiaux.

La parenté d'alliance imitant la parenté du sang, les obligations de l'une sont aussi des obligations pour l'autre tant que le lien d'alliance subsiste. La loi détermine avec soin que cette obligation concerne les gendres, belles-filles, beaux-pères et belles-mères, afin qu'une marâtre ne puisse jamais venir demander des aliments à son beau-fils. Ce mot *gendre*, en effet, qui ne convient qu'à l'époux de la fille, réduit les autres termes à indiquer seulement le père et la mère soit du mari, soit de la femme.

L'obligation de fournir des aliments est une obligation légale qui existe indépendamment de tout jugement ou traité, dès qu'arrive l'événement auquel elle est attachée ; et qui passe aux héritiers et successeurs universels, si cet événement est antérieur au décès de leur auteur. Toutefois, cette obligation ne pèse pas simultanément, mais bien, successivement sur toutes les personnes qui y sont soumises. Ainsi, les ascendants n'en sont tenus qu'à défaut de descendants, de la même manière qu'ils seraient appelés à succéder : *ubi emolumentum, ibi onus esse debet.* Cette obligation, enfin, n'est pas solidaire. « La corruption des mœurs, dit » Pothier, qui est allée toujours en croissant, et qui est aujour- » d'hui parvenue à son comble, rend, à la honte de l'huma- » nité, très fréquentes au palais ces demandes qui autrefois » y étaient inouïes. *Iniquissimum quis dixerit patrem egere,* » *quum filius sit in facultatibus.* » (Traité du Mariage 2. 5.) Quelle ne serait pas l'indignation de ce grand jurisconsulte s'il vivait de nos jours où les prétoires des juges de paix résonnent si souvent des cris de détresse des pères. Lorsque plusieurs personnes d'un même ordre, par exemple, plusieurs descendants, sont tenus de la dette d'aliments? l'obligation se répartit, en envisageant successivement chacun des débiteurs comme étant seul et unique obligé, et en recherchant, quelle serait dans cette hypothèse, le montant de la pension due par chacun, eu égard à ses ressources et aux besoins du créancier (car le nécessaire n'est pas égal pour tous les cas ; la vieillesse a plus de besoins que l'enfance, la maladie que la santé, le mariage que le célibat) ; puis, ces appréciations particulières une fois faites, en divisant chacune des diverses sommes ainsi obtenues par le chiffre indiquant le nombre des personnes soumises à la dette ; de cette manière, on établit une contribution de la plus exacte équité.

Lors de la révision du Code Napoléon, en Sicile, il fut ajouté une disposition à l'égard de la dette d'aliment, aux termes de laquelle, les frères et sœurs, incapables de gagner leur vie par vice de constitution physique ou morale, ont droit à prétendre des secours de la part de leurs frères et sœurs. Cette disposition forme l'art. 107 du Code de cette nation. Or, c'est là une belle et noble pensée qui fait honneur aux législateurs qui l'ont admise ; elle a pour effet de resserrer les liens de famille, liens qu'il importe tant à l'État de voir prospérer, puisque, de cette prospérité des familles particulières, découle, dépend, la prospérité de l'État qu'elles composent. C'est une pensée pleine d'humanité qui fait naître des motifs d'affection et de reconnaissance nouveaux entre les enfants issus d'une même souche. Ne serait-il pas à désirer que notre législation qui est un si brillant assemblage de tout ce qu'il y a de grand, de noble et de généreux, accueillît cette pensée, dont elle a d'ailleurs, certainement été le principe.

Les époux doivent donc nourrir, entretenir et élever leurs enfants. Dans le droit romain les constitutions des empereurs voulaient que le père fût forcé d'établir par mariage et de doter les enfants qui étaient en sa puissance. « Capite trigesimo quinto legis juliæ, qui liberos » quos habent in potestate, injuriâ prohibuerint ducere » uxores, vel nubere ; vel qui dotem dare non volunt, ex » constitutione divorum Severi et Antonini, per proconsules, » præsidesque provinciarum, coguntur in matrimonium » collocare et dotare. Prohibere autem videtur, et qui » conditionem non quærit. (L. 19, ff de R. N.) ». Cette jurisprudence avait été celle de la partie de la France soumise au droit écrit. Dans les pays de coutumes, au contraire, on tenait pour maxime, que les père et mère ne pouvaient pas être contraints à doter leurs enfants. Cette maxime a été adoptée par le Code, par le motif que la loi doit le moins possible déranger les habitudes des hommes : or, pour introduire dans les pays coutumiers et imposer aux pères l'obligation stricte de doter leurs enfants, il aurait fallu faire une révolution dans les idées, tandis que dans les pays de droit écrit, où les pères étaient accoutumés à regarder cette obligation comme légale, ils ont pu continuer à l'observer par respect pour l'ancienne loi ; en sorte que rien de part ni d'autre n'a été changé. En conséquence, l'article 204 a reproduit le vieil adage du droit coutumier : *Ne dote qui ne veut.*

CHAPITRE VI.

Des droits et des devoirs respectifs des époux.

La loi par cela même qu'elle a établi les devoirs des époux a également établi leurs droits. En effet, ils naissent les uns des autres; ce que l'un doit faire ou ne pas faire dans l'intérêt de l'autre, celui-ci a nécessairement le droit de l'exiger ou de ne pas le souffrir.

Les époux se doivent mutuellement fidélité, secours, assistance; le mari doit protection à sa femme, la femme doit obéissance à son mari. Voilà tout le Code du mariage; et, pour livrer ces points de morale à la méditation des époux, la loi a voulu qu'ils leur fussent signalés, avant d'exiger leurs promesses, à l'instant solennel qui va fixer leur destinée.

Les époux se doivent fidélité. Par le consentement du mariage ils se donnent sans réserve le cœur et le corps ; il ne leur reste rien dont ils puissent disposer, après cette aliénation absolue. La multiplicité des attachements est inconciliable avec l'essence de l'acte du mariage ; la fidélité devait donc en être le premier devoir. Aux yeux de la morale, l'engagement de fidélité a la même force pour les deux époux ; toutefois, aux yeux de la loi, la contravention à cet engagement de la part de la femme a des effets plus graves et paraît dès lors plus coupable, que de la part du mari. Il est vrai que l'infidélité de la femme entraîne plus de désordres, et que si elle ne suppose pas plus de corruption, elle produit plus de perturbation dans la famille. C'est pour cela, et encore, parce que la femme étant la plus belle et la plus aimable partie de l'humanité, elle doit aussi en être la plus vertueuse, que son parjure a toujours été jugé plus coupable.

Les époux se doivent secours, assistance. Ici les obligations de l'homme deviennent plus grandes que celles de la femme ; la nature elle-même indique ces distinctions. La femme qui n'a pas la force, qui n'a pas l'audace, ne peut supporter autant de fatigues, autant de travaux. L'assistance que se doivent les époux s'étend à toutes les nécessités de la vie. Toutes les infirmités, tous les accidents, tous les malheurs qui frappent l'un des époux, la provoquent ; c'est même là, le caractère le plus touchant de l'association conjugale. La loi romaine disait : « Quid » tam humanum est quam ut fortuitis casibus mulieris » maritum, vel uxorem viri participem esse. (L. 22, 7, » ff. Solut matrim.) » Cela est juste et vrai, toujours, quand il s'agit de malheur ; mais la loi a pensé qu'il en devrait être autrement s'il s'agissait de crime. Si l'un des époux a mérité l'infamie; l'autre, qui est pur, n'est plus tenu de demeurer uni à un être dégradé. La mort civile dissout le mariage.

Une autre conséquence de la faiblesse de la femme et de la force de l'homme, c'est que celui-ci doit protéger, celle-là obéir. C'est là encore une loi de nature que tous les êtres acceptent comme favorable, si ce n'est cependant les êtres doués de raison. Après avoir été l'objet de beaucoup de disputes, la prééminence reconnue de l'homme a été l'objet de beaucoup d'attaques. Des volumes ont été écrits à ce sujet; les uns, avec la déraison qui accompagne le délire, les autres, avec l'aveuglement inséparable des passions ! Qui n'a entendu de nos jours les soupirs, les imprécations des femmes fortes, des femmes libres ! Que d'anathèmes contre les hommes qui ont fait la loi et qui juges et parties dans la grande dispute, se sont attribués l'empire !.. Rien n'a été plus vain que ces disputes, rien n'est plus ridicule que ces malédictions. Ce n'est pas la loi des hommes qui a donné la prééminence à l'homme; c'est la nature, qui a prévu la dispute, et qui l'a résolue ; en donnant à l'homme une constitution qui ne l'assujettit pas à tant de besoins et lui garantit plus d'indépendance pour l'usage de son temps, pour l'exercice de ses facultés.

Quant à la loi qui a reconnu, dans cette prééminence, la source du pouvoir de protection, et qui l'a accordé au mari; avant de calomnier son esprit, il serait bon de le connaître ; or il respire bien flatteur et bien doux dans ces admirables paroles de M. Portalis :

» Les femmes connaîtraient peu leur véritable intérêt,
» si elles pouvaient ne voir, dans la sévérité apparente dont
» on use à leur égard, qu'une rigueur tyrannique plutôt
» qu'une distinction honorable et utile. Destinées, par leur

» nature, aux plaisirs d'un seul et à l'agrément de tous,
» elles ont reçu du ciel cette sensibilité douce qui anime
» la beauté et qui est sitôt émoussée par les plus lé-
» gers égarements du cœur, ce tact fin et délicat qui rem-
» plit chez elles l'office d'un sixième sens, et qui ne se con-
» serve ou ne se perfectionne que par l'exercice de toutes
» les vertus ; enfin, cette modestie touchante qui triomphe
» de tous les dangers et qu'elles ne peuvent perdre sans de-
» venir plus vicieuses que les hommes. Ce n'est donc pas
» dans notre injustice, mais dans leur vocation naturelle
» que les femmes doivent chercher le principe des devoirs
» les plus austères qui leur sont imposés pour leur plus
» grand avantage et au profit de la société ».

Des devoirs respectifs de protection et d'obéissance que le mariage établit entre les époux, il suit que la femme ne peut avoir d'autre domicile que celui de son mari, qu'elle doit le suivre partout où il lui plaît de résider, même à l'étranger ; à moins que, contrairement à une loi politique, le mari ne voulût émigrer. Le mari peut refuser tout secours à la femme qui ne veut pas satisfaire à cette obligation ; il peut, en demandant aux tribunaux l'autorisation, l'y contraindre, soit au moyen de la saisie de ses revenus, s'il y a lieu, soit à l'aide de la force publique, *manu militari*. Le choix de ces deux moyens appartient au pouvoir discrétionnaire du juge ; ces moyens sont les seuls que les tribunaux soient légalement autorisés à ordonner. Si la femme touche elle-même tout ou partie de ses revenus, et que le premier moyen soit ainsi paralysé, les tribunaux ne peuvent se dispenser d'ordonner le second.

Réciproquement, le mari est obligé de recevoir sa femme et de lui fournir tout ce qui est nécessaire pour les besoins de sa vie, selon ses facultés et son état. Si le mari se se refuse à l'accomplissement de ce devoir, les tribunaux doivent autoriser la femme à recourir à l'emploi de la force publique pour se procurer l'entrée du logement habité par son mari.

C'est encore par une autre conséquence de la puissance maritale, et non pas à cause de la faiblesse de son sexe, que la femme ne peut ester en jugement sans autorisation; en effet, les filles et les veuves majeures partagent cette faiblesse, et cependant elles ont alors la même capacité que les hommes ; les femmes ne sont pas parmi nous, comme chez les Romains, sous une tutelle indéfinie. Aussi, la femme peut-elle, même lorsqu'elle est mariée, sans l'autorisation de son mari, valablement agir au nom d'un tiers. Mais le principe que la femme mariée ne peut ester en justice sans autorisation est absolu, quelles que soient d'ailleurs les stipulations matrimoniales et le degré de pouvoir qu'elles confèrent à la femme. Ce principe comporte exception, lorsque la femme est poursuivie en matière criminelle ou de police. Dans ce cas, l'autorité du mari disparaît devant celle de la loi, et la nécessité de la défense naturelle dispense la femme de toute formalité. Il n'en serait pas de même si la femme voulait poursuivre, parce qu'il n'y a pas nécessité d'accuser. Ce principe, recevrait encore exception dans le cas de requête préalable à une demande en séparation de corps ou de bien que la femme se proposerait de former.

L'article 217 a encore accordé la préférence aux droits coutumiers sur le droit civil, en décidant que la femme, même, non commune ou séparée de biens, ne peut, sans le concours de son mari ou son consentement écrit, donner, aliéner, hypothéquer, acquérir à titre gratuit ou onéreux. Cette doctrine a paru plus conforme à la déférence que la femme doit au mari, ainsi qu'au véritable intérêt de la société conjugale ; car la femme, par des aliénations indiscrètes, pourrait tarir la source de ses revenus, et par conséquent de sa prospérité. L'article 217 est général, et interdit à la femme l'aliénation des meubles et des immeubles ; cependant on ne voit pas trop comment on pourrait empêcher la femme de vendre ses meubles sans autorisation, si elle était non commune ou séparée de biens. Il faudrait aller jusqu'à lui en ôter l'usage. Car aucune autre précaution ne l'empêcherait de vendre, par exemple, ses diamants et ses bijoux... L'hypothèque n'était qu'une aliénation éventuelle ; en hypothéquant, la femme aliénerait indirectement. En faisant des acquisitions à titre onéreux, la femme aliénerait un capital, pourrait acheter à un prix trop élevé, ou des biens d'une nature peu avantageuse ; elle pourrait aussi accepter une donation à l'insu de son mari ; car au lieu de recevoir un immeuble en nature, elle pourrait recevoir l'argent nécessaire pour l'acheter... En acquérant à titre gratuit ? (Ce ci a un caractère plus grave encore) ; l'ordonnance de 1731 l'avait défendu ; l'intérêt des mœurs consacrait cette défense. Il est expédient que le mari connaisse les motifs du don gratuit fait par sa femme, *ne uxor turpem quæstum faciat*.

L'article 217, tout en défendant à la femme d'aliéner, d'acquérir, de donner, d'hypothéquer, ne la soumet pas textuellement à la même condition pour s'obliger et pour contracter ; mais comme tout contrat tend plus ou moins directement à aliéner ou à acquérir, comme toute obligation tend à aliéner, il s'ensuit, qu'en défendant à la femme d'aliéner et d'acquérir à titre onéreux ou gratuit sans autorisation, c'était lui défendre par cela même de s'obliger et de contracter. Du reste la règle de l'art. 217 est étrangère aux obligations dont l'existence où la validité n'est pas subordonnée à la capacité personnelle de l'obligé; par exemple, lorsque l'obligation procède directement de la loi. D'une autre part, la femme peut, sans l'autorisation de son mari, faire un testament et le révoquer, révoquer une donation entre vifs qu'elle a faite à son mari; exercer, quant à la personne des enfants légitimes ou naturels qu'elle a eus d'un autre que son mari, tous les droits de la puissance paternelle. En outre, comme tous les pouvoirs particuliers sont soumis à la puissance publique, le magistrat peut intervenir pour réprimer les refus injustes du mari. Toutefois, afin de conserver le secret des affaires de famille, la loi veut que les dires des époux soient reçus confidentiellement dans la chambre du conseil.

Enfin, la faveur due au commerce, a fait restreindre, à l'égard de la femme marchande publique, la règle de l'art. 217 pour toutes les opérations de son négoce. Toutefois, il est facile de remarquer que le mari, dans ce cas, donne un consentement général à l'ensemble des opérations, au lieu de donner des consentements particuliers à chacune de ces opérations, et que cette exception ne déroge pas au principe absolu qui exige son autorisation; en effet, la femme ne peut se livrer au commerce sans le consentement de son mari; les tribunaux ne peuvent même pas suppléer ce consentement; par conséquent, en autorisant le négoce, le mari autorise les actes qui en sont la suite nécessaire. La dérogation ne porte donc que sur la règle établie par l'article 223 qui ne donne pas des effets si étendus aux autorisations générales. Ici, cette dérogation était nécessitée, tant à raison de la célérité qu'exigent les affaires de commerce qu'à raison de la manière dont elles se font; car les engagements qui en résultent ne sont pas constatés par des actes aussi solennels que dans les affaires ordinaires : quelquefois ils ne sont que verbaux, et pour les constater, il suffit de registres. Cependant, d'après la règle générale, la femme marchande publique ne peut, sans une autorisation spéciale qui dans ce cas pourra être expresse ou tacite, ester en jugement, même dans les affaires relatives à son commerce. Du reste, le mari, à cause de son autorisation donnée, n'est point obligé à l'égard des tiers avec lesquels sa femme a contracté ; excepté cependant, si les époux sont mariés sous le régime de la communauté légale ou conventionnelle, et qu'il ne s'agisse pas d'obligations concernant les propres de la femme et uniquement relatives à ses intérêts.

Les droits de puissance du mari sont suspendus par sa condamnation à une peine afflictive ou infamante ; il serait trop pénible à une femme honnête de demeurer sous la dépendance directe d'un être dégradé et flétri. Aussi, bien que dans ce cas le mariage existe, et par suite, l'autorité maritale ; comme celui a qui elle appartient s'est rendu indigne de l'exercer, la justice l'exerce pour lui et indépendamment de lui, car elle n'est pas obligée de l'entendre, et son consentement comme son refus sont également comptés pour rien. A l'expiration de sa peine, le mari est relevé de cette incapacité, sans qu'il soit besoin de réhabilitation. *Mors civilis tantùm æquiparatur naturali.*

Les droits de puissance du mari sont encore suspendus? par son interdiction, et même, aux termes de la loi du 30 juin 1838, par sa rétention dans une maison de santé, sans qu'il soit interdit ; par son absence, et ce mot comprend la non-présence, comme l'absence proprement dite; la femme pourrait être trop longtemps dans l'impuissance d'agir, quoique le mari ne soit pas éloigné; d'ailleurs, ce qui dissipe toute crainte, et permet d'étendre la disposition ; le tribunal ne donne l'autorisation qu'en connaissance de cause. Autrefois, l'autorisation était accordée sur simple requête ; mais, les lieutenants civils d'*Argouges* et *Aagran* furent frappés des dangers de cette trop grande facilité et voulurent que l'autorisation fût donnée en connaissance de cause. L'usage s'en établit, et le législateur a laissé subsister cette précaution. Par les mêmes motifs que le mari dont la raison est perdue ou altérée, n'est plus capable d'exercer son autorité, le mari dont la raison n'est pas encore formée, ne saurait l'exercer non plus. L'autorisation du juge est donc encore dans ce cas, nécessaire à la femme, mais non cependant pour les affaires, qu'à raison de son émancipation, son mari peut traiter lui-même et sans l'assistance de son curateur. *Is qui per se ipsum facere quid prohibitur, aliis concedere non potest.* Il en serait de même à l'égard du mari qui aurait été pourvu d'un conseil judiciaire, du moins quant aux actes pour la validité desquels il doit être assisté de ce conseil.

A moins que les actes ne blessent les mœurs ou les lois, ils ne peuvent être frappés de nullité, que dans l'intérêt des parties ou de l'une d'elles. Or, les actes faits par la femme sans l'autorisation du mari ou de la justice sont nuls ; mais quels intérêts sont alors blessés ? ceux du mari dont l'autorité a été méconnue ; ceux de la femme, qui dans l'acte qu'elle a fait, a été privée de protection et de conseils. Ce n'est donc qu'à eux, que la réclamation est permise. Les contractants ne sauraient avoir le droit de se plaindre ; ce serait un scandale que l'infraction par eux faite à la loi en recevant l'engagement d'une femme non autorisée, put leur fournir un moyen de se dégager de leurs propres obligations. *Nemo auditur propriam turpitudinem allegans.* Ce droit qui n'appartient qu'aux époux, passe comme tous leurs autres droits, à leurs héritiers. La nullité peut, du reste, dans ce cas, être couverte, soit par la confirmation du mari, soit par celle de la femme pourvu qu'elle ait lieu pendant le mariage ; elle peut être couverte encore par la prescription de dix ans, à partir de la dissolution du mariage.

CHAPITRE VII.

De la dissolution du Mariage.

Le mariage se dissout par la mort des époux. C'est là le terme fatal de toutes les sociétés ; mais, au contraire des autres sociétés humaines que divers événements peuvent détruire, la société conjugale, si l'on envisage ses caractères et ses fins, ne peut finir qu'avec la vie. Cette vérité est non-seulement une vérité de principe, c'est aussi une vérité d'expérience. Quand est-ce, en effet, que l'histoire nous offre plus constamment, chez les nations, un spectacle d'ordre et de durée, de bonheur et de gloire ? N'est-ce pas, quand leurs lois ou leurs mœurs ont respecté la perfection du mariage ! L'indissolubilité du mariage fut respectée à Rome pendant cinq siècles ; ne fut-ce pas là le temps de sa véritable grandeur et de sa véritable prospérité !.. Et Rome corrompue, Rome, du temps où les femmes, suivant que l'a écrit Tacite, *ne se mariaient que pour répudier et ne répudiaient que pour se marier*, que nous présente-t-elle ? les triumvirats, les dictatures, les tables de proscriptions, la famille déchirée, le sol de la patrie ensanglanté.... Et dans l'histoire moderne, que de maux fondent sur l'Angleterre après l'abandon qui y est fait du principe salutaire de l'indissolubilité du mariage. « Un prince se livre sans » frein à l'inconstance de ses désirs. En quelques années,

» six femmes prétendues légitimes se succèdent dans son
» lit. Tour à tour il offre le spectacle de deux divorces et de
» deux assassinats juridiques de ses épouses. Quelle affreuse
» alliance!.. Comme les crimes privés enfantèrent rapide-
» ment les ébranlements publics!.. » Et en France? que
de haines, que de licencieux débordements sont encore
ajoutés aux malheurs d'une époque qui n'est pas loin de nous,
lorsque l'indissolubilité du mariage n'est plus respectée !...
Il ne faut pas s'étonner que ce principe ait été la source de
la prospérité des nations ? c'est lui en effet qui a partout
fondé les familles, lui seul y fait régner une harmonie admirable ; or, les familles ont fondé les états ? et comme
un tout n'est composé que de ses parties, de même, la
prospérité générale des états ne se formait que par le bonheur particulier des familles. Le principe de l'indissolubilité
du mariage subsista, en France, jusqu'à la loi de 1792 qui au-
torisa le divorce. Le divorce, flétri de siècle en siècle,
repoussé par les peuples vertueux, par les premiers
Romains, par les Germains que Tacite appelle *les premiers parmi les barbares parce qu'ils n'ont qu'une seule
femme* ! Le divorce, abandonné bientôt par les peuples
qui l'avait admis..... Le législateur d'une ville d'Italie
(Charondas) avait, pour assurer la perpétuité de ses
lois, disposé que quiconque en demanderait le change-
ment, serait jugé par le peuple et puni de mort si sa réclamation n'était pas admise. Cette précaution fit que les
lois restèrent longtemps sans atteinte. Cependant, une d'elles permettait le divorce aux époux; or, un jour, rapporte
Diodore de Sicile, un homme osa se plaindre de cette loi ;
il se présenta donc devant le peuple, la corde au cou, et
ayant à ses côtés, l'exécuteur prêt à remplir ses terribles fon-
ctions... Il dit, que sa femme l'avait abandonné... Elle était

plus jeune que lui... Il se lamenta sur l'avenir de sa vieillesse.... Le peuple fut touché, la réclamation parut juste, la loi fut rapportée !... Le divorce, enfin, condamné dans l'opinion des peuples qui l'avaient admis dans leurs lois... Par la Grèce, qui admirait les Artémises, les Pénélopes, tant cette nation plaçait elle-même le mérite dans la constance..... Par Rome dissolue, qui proclamait la constance comme le mérite suprême, et qui ne trouvait pas de plus grand éloge, à placer sur les monuments funéraires des femmes, que celui-ci : *Conjugi piœ, inclitœ, univirœ*!... [Le divorce, cependant, fut admis dans la législation française, et le divorce *suivant le bon plaisir des époux*.— Lors de la discussion du code civil, le divorce fut maintenu. On restreignit seulement un peu la faculté de le demander. Mais, les paroles des hommes sages se réalisent dans le cours des siècles. Cicéron a dit *(de nat. deor, 2.) Opinionum commenta delet dies, naturœ judicia confirmat. Toutes les opinions qui prennent leur source dans les passions momentanées, dans les intérêts fugitifs, passent et périssent avec l'âge qui les voit naître, si quelque chose, au contraire, est approuvé d'âge en âge chez tous les peuples, malgré la diversité des intérêts et des mœurs, ceci est la vérité.* Ce fut la vérité à l'égard du divorce. Des évenements s'accomplirent qui firent tomber les nécessités d'état en brisant le sceptre de l'homme qui avait été assez grand pour éblouir les siècles de sa gloire sans avoir besoin de successeurs ! Tout aussitôt, on vit l'antique morale se relever et l'opinion des siècles passés devenir encore, l'opinion des siècles à venir. La loi du 18 mai 1816, abolit le divorce. En vain, après la révolution de 1830 la proposition de rétablir le divorce a-t-elle, à quatre reprises différentes, été reproduite au sein de la chambre des députés ; toujours admise par cette chambre, cette proposition a toujours été repoussée par la chambre des pairs.

Le divorce étant aboli, le mariage que ne rompt jamais l'absence la plus prolongée, n'est plus dissout que par la mort naturelle et civile. A l'égard de la mort civile, elle ne dissout le mariage qu'autant qu'elle est devenue définitive. Les termes de l'article 227 ont pour but de rappeler la distinction des articles 26 et 27 qui, selon que la condamnation a été prononcée contradictoirement ou par contumace, fait courir la mort civile soit du jour de l'exécution, soit à partir de l'expiration des cinq années qui la suivent. Ils indiquent que quand la condamnation est prononcée par contumace, la mort civile n'est encourue d'une manière définitive et n'entraîne la dissolution du mariage qu'après l'expiration des cinq années qui suivent l'exécution par effigie. Le mariage que contracterait un individu frappé de mort civile devrait être considéré comme inexistant; il ne produirait qu'une affinité semblable à celle qui résulte d'un commerce illicite. Le projet du Code contenait un article qui donnait exclusivement à l'autre époux le droit de faire valoir la nullité résultant d'un semblable mariage. Mais le premier consul fit observer qu'il était inconséquent de supposer l'existence d'un pareil mariage, qu'il valait mieux ne pas en parler. Sur cette observation, l'article proposé fut rejeté. Un mariage privé de tous les effets civils par une législation qui ne considère le mariage que comme un contrat civil, doit nécessairement être comme n'existant pas aux yeux de cette législation. Les législateurs qui revisèrent le Code Napoléon après la chute de *Murat*, en Sicile, repoussèrent la mort civile; ils admirent seulement la perte des droits civils et de la qualité de citoyen; peine, qui ne produit pas les mêmes effets que la mort civile, et qui surtout, n'opère pas la dissolution du mariage. Cette disposition n'est-elle pas plus sage et plus humaine? En rompant les liens du mariage la mort civile donne à la fidélité conjugale les effets du concubinage.... Un député a dit à la chambre *qu'il était à regretter que le législateur n'eût pas encore rayé de nos Codes cette peine réprouvée par la saine philosophie.*

CHAPITRE VIII.

Des seconds mariages.

Chez un peuple de l'antiquité, la loi déclarait incapables d'avoir part à l'administration publique ceux qui, après avoir eu des enfants d'une première femme, passaient après sa mort à de secondes noces; parce qu'on ne pouvait croire que des hommes qui prenaient un parti si peu avantageux pour leurs enfants fussent en état de donner de sages conseils pour la conduite des affaires publiques. A Rome la femme devait pleurer son mari pendant un an et ne pouvait se remarier pendant ce temps de deuil : « Et si talis sit maritus, quem more majorum lugeri non » oportet, non posse eam nuptum intrà legitimum tempus » collocari : Prætor enim ad id tempus se retulit, quo vir » elugeretur : qui solet elugeri propter turbationem san- » guinis. (L. 11. § 1. D. de his qui not. inf.) » Dans l'ancien droit français, une veuve pouvait se remarier aussitôt qu'elle le jugeait à propos. Cette doctrine avait été admise en conformité du droit canonique qui permettait aux veuves de se remarier sans attendre aucun délai, d'après une autorisation donnée par saint Paul, mais fort mal interprétée « Mulier alligata est legi, quanto tempore » vir ejus vivit : quòd si dormierit vir ejus, liberata est; » cui vult nubat, tantùm in Domino » dit saint Paul dans sa première épître aux Corinthiens. Mais en permettant aux veuves de se remarier, il était bien éloigné de leur donner cette faculté en dehors des lois auxquelles elles étaient soumises, puisqu'il recommande d'une manière toute particulière l'obéissance aux lois et aux princes, *omnis anima sublimioribus potestatibus subdita sit*. Quoi qu'il en soit le Code civil a adopté avec raison le principe du droit romain. Il a défendu à la femme de contracter un second mariage avant qu'il se soit écoulé dix mois depuis la dissolution du premier. Assurer par un délai suffisant, que le premier mariage demeure sans aucune suite pour la femme, et que sa situation ne saurait plus gêner les actes de sa volonté, éviter la confusion de part, *turbationem sanguinis*, tel a été le but de la loi. Elle a réduit le délai à dix mois: c'était le terme déjà attribué à la plus longue gestion de la femme; il devait donc suffire également pour déterminer à quel mariage appartiendrait l'enfant qui viendrait à naître en semblable occurrence. La même règle, le même délai sont applicables dans le cas d'annulation d'un mariage; il y a parité de motifs.

Du reste la loi n'a pas établi ici de sanction pénale. La nullité du mariage eût été trop sévère contre une infraction à une simple mesure de précaution : si donc une femme se remarie dans le délai prohibé par la loi, et qu'elle accouche après le commencement du cent quatre-vingtième jour à dater de celui de la célébration du second mariage et avant la fin du trois centième jour, à dater de celui de la dissolution du premier ? Deux présomptions également

puissantes se trouvent alors en présence, sans que la loi ait déterminé celle qui doit l'emporter. Les tribunaux doivent décider dans ce conflit, en se guidant d'après les circonstances, et dans le doute, d'après le plus grand intérêt de l'enfant, quel est celui des deux maris qui doit en être réputé le père. Les seconds mariages sont du reste soumis aux mêmes règles et produisent les mêmes effets que les premiers. Le projet du Code contenait cette disposition : « Les deuxième et subséquents mariages ont les
» mêmes effets que les premiers ; ils donnent au mari et à
» la femme les mêmes droits, il en naît les mêmes obli-
» gations réciproques entre le mari et la femme, le père
» et la mère et les enfants. » Cette disposition fut rejetée comme inutile. Sous les seconds mariages la personne qui a des enfants d'une union précédente ne jouit pas relativement aux dispositions à titre gratuit qu'elle voudrait faire au profit de son conjoint, d'une latitude aussi grande que la personne qui n'en a pas. Les préceptes à cet égard, étaient contenus sous l'ancien droit, dans le fameux édit des secondes noces, ouvrage du chancelier de l'Hôpital, dont l'exposition était ainsi conçue :

«Comme les femmes veuves ayant enfants, sont souvent,
» invitées et sollicitées à nouvelles noces, et ne connaissent
» pas être recherchées, plus pour leurs biens que pour leurs
» personnes, elles abandonnent leurs biens à leurs nouveaux
» maris sous prétexte et faveur du mariage, leur font des
» donation immenses, mettant en oubli le devoir de nature
» envers leurs enfants, de l'amour desquels tant s'en faut
» qu'elles se dussent éloigner par la mort du père, que les
» voyant destitués du secours et aide de leur père, elles
» devraient par tous moyens s'exercer à leur faire double
» office de père et de mère ; desquelles donations, outre les

» querelles et divisions entre les maris et les enfants, s'en-
» suit la diminution des bonnes familles, et, conséquem-
» ment diminution de la force de l'état public; à quoi... »

L'époux qui convole à une nouvelle union, n'a plus également sur les enfants d'un premier lit la plénitude des droits qui découlent de la puissance paternelle.

Limoges. — Imprim. Typographique et Lithographique de V⁰ BLONDEL,
15, rue Consulat, 15.

Limoges,
IMPRIMERIES LITHOGRAPHIQUE ET TYPOGRAPHIQUE
De V.e BLONDEL, rue Consulat, 15.
1844.

www.ingramcontent.com/pod-product-compliance
Lightning Source LLC
Chambersburg PA
CBHW070247100426
42743CB00011B/2170